Grafología y diseño
gráfico publicitario

Manuel J. Moreno

Grafología y diseño gráfico publicitario

La intersección entre dos caminos

EDICIONES OBELISCO

Si este libro le ha interesado y desea que le mantengamos informado
de nuestras publicaciones, escríbanos indicándonos qué temas son de su interés
(Astrología, Autoayuda, Ciencias Ocultas, Artes Marciales, Naturismo, Espiritualidad,
Tradición…) y gustosamente le complaceremos.

Puede consultar nuestro catálogo en www.edicionesobelisco.com

Colección Psicología
GRAFOLOGÍA Y DISEÑO GRÁFICO PUBLICITARIO
Manuel J. Moreno

1.ª edición: enero de 2015

Maquetación: *Marta Rovira Pons*
Corrección: *Sara Moreno*
Diseño de cubierta: *Enrique Iborra*

Prólogo a la 2.ª edición: *Vanesa Lerner*
Prólogo a la 1.ª edición desde el diseño gráfico:
Sebastián García Garrido

© 1999, 2015, Manuel J. Moreno
(Reservados todos los derechos)
© 2015, Ediciones Obelisco, S. L.
(Reservados los derechos para la presente edición)
Edita: Ediciones Obelisco, S. L.
Pere IV, 78 (Edif. Pedro IV) 3.ª planta, 5.ª puerta
08005 Barcelona - España
Tel. 93 309 85 25 - Fax 93 309 85 23
E-mail: info@edicionesobelisco.com

ISBN: 978-84-16192-26-7
Depósito Legal: B-28.843-2014

Printed in Spain

Impreso en España en los talleres gráficos de Romanyà/Valls S. A.
Verdaguer, 1 - 08786 Capellades (Barcelona)

A Isabel, mi mujer,
auténtica madrina de este libro.

Si alguien puede rebatirme y aportar pruebas de que no pienso o actúo bien, cambiaré contento. Pues busco la verdad, por la que nadie recibió daño jamás. Sufre daño el que permanece en el propio engaño e ignorancia.

MARCO AURELIO (121-180 d. C.)
Meditaciones

Bien es verdad que los auténticos maestros escasean; y antes se los encuentra en la calle, en el taller, en la mesa de la hostería, en el bosque, en el campo a la orilla del agua, que en puestos elevados. Están callados; no quieren demostrar nada. Miran, penetran con la mirada porque se pueden olvidar de sí mismos.

Los reconocerás por la mirada y por su dejadez, en la que se nota la bondad. Los animales y los niños los buscan; los extraños les confían sus cuitas. Hasta a los más endurecidos les apremia la confesión cuando se los encuentran. No andan entre los hombres, sino que pasan a través de ellos; sin ofenderlos, sin herirlos, casi imperceptiblemente, como un ligero calor. Carecen de la curiosidad y de parecer interesarse por las cosas. Están en los otros tan en su casa como consigo mismos.

DR. MAX PULVER
Persona, carácter, destino

Prólogo a la segunda edición

Hace más de diez años, cuando inicie mi camino por el apasionante mundo de la grafología, era difícil entender cómo podían relacionarse dos disciplinas que aparentaban ser tan distantes y orientadas de formas diferentes, como la grafología y el diseño gráfico publicitario, que hoy también se conoce con el nombre de grafología publicitaria.

En esos tiempos no podía imaginar el alcance y el reconocimiento que tiene en nuestros días la grafología a nivel mundial, tampoco sabía si mi idea de relacionar dos disciplinas, desde mi visión análogas, tenía algún sustento. Hasta que pude confirmarlo a través de investigaciones y gracias a que descubrí el libro de Manuel Moreno. Este libro es una fiel demostración de que es posible el intercambio y enriquecimiento que puede brindar la ciencia grafológica a otras disciplinas, como en este caso al diseño gráfico publicitario.

Si partimos de la idea que el diseño gráfico publicitario tiene como fin comunicar o trasmitir a través de distintas piezas y medios gráficos (publicidades gráficas, logotipos, tipografías, etc.) la venta o promoción de un producto o servicio que va destinado a seres humanos que tienen la capacidad de ver, percibir, procesar información, almacenarla, relacionarla y compararla, podemos decir que la grafología puede ser un aporte sustancial, para ayudar a la orientación, comunicación e intención que se le quiere dar a un mensaje a través de un logotipo, isotipo, tipografía o publicidad gráfica determinada.

Cotidianamente vemos una cantidad de imágenes, publicidades gráficas, tipografías en periódicos, revistas, webs, etc., marcas gráficas, cantidades de productos que consumimos y carteles publicitarios, que invaden las calles, avenidas, rutas, entre muchos otros objetos que pelean entre sí por llamar la atención. Todas estas proyecciones gráficas y visuales están cargadas de mensajes, con una intención consciente y un mensaje inconsciente, todos somos receptores de los contenidos que se desprenden inevitablemente de todos ellos.

Una marca gráfica está diseñada por un lado, desde la conciencia, y por otra parte se proyecta el inconsciente, que puede o no beneficiar a una marca. Para que esa parte inconsciente de la creación no genere efectos contrarios a los deseados, la grafología publicitaria interviene en sus interpretaciones, aportando una conciencia de lo que verdaderamente se está comunicando con el diseño gráfico.

Según Carl Jung, en el hombre coexisten dos instancias cuyos contenidos divergen y se contraponen entre sí: el inconsciente colectivo, donde persisten remotas cosmovisiones o imágenes fundamentales y primitivas, trasferidas de generación en generación. Y el inconsciente personal, poblado de imágenes y recuerdos imprecisos, incluye los sentimientos y pensamientos reprimidos, significativos para cada sujeto particular, que son elaborados durante la vida individual.

Cuando vemos una marca gráfica, tenemos una primera impresión, sensaciones, reacciones, nos genera agrado o desagrado. Percibimos e interpretamos el mundo que nos circunda a través de nuestros cinco sentidos, y dependiendo de nuestra forma de pensar, sentir, vivir, elaboramos y generamos en nuestra mente juicios de valor sobre lo que estamos viendo.

Creemos que decidimos de forma consciente frente a determinados estímulos visuales, como cuando debemos elegir un determinado producto o cuando debemos decidir entre varias marcas para contratar un servicio, pero en realidad cuando tomamos decisiones lo hacemos desde nuestro inconsciente, por ejemplo, la tipografía de un cartel publicitario o los colores de un logotipo, entre otros, pueden trasmitirnos determinados estímulos y sensaciones a nivel inconsciente.

Manuel Moreno ira contando a lo largo del libro, de una forma completa y clara, cómo es probable que la grafología pueda ser de ayuda y aportar importantes condimentos al diseño gráfico publicitario; sin duda despertará un nuevo horizonte a los profesionales, tanto de la grafología como del diseño gráfico publicitario.

Una obra plena de conocimientos que nos abre las puertas a un mundo poco explorado, pero no por ello menos interesante, y que tiene ansias de ser redescubierto, por las mentes abiertas y llenas de curiosidad, con abundantes ejemplos que revelan cómo la grafología desde su metodología puede desnudar desde una obra de arte, pasando por una publicidad gráfica, hasta una tipografía o una web.

No hay magia en las conclusiones que el autor va a ir revelando, no hay misterios sin resolver o adivinación, es un despertar a los conocimientos innatos que están presentes a cada instante en nuestras vidas, cotidianamente, pero simplemente no nos damos cuenta de ello o no lo sabemos conscientemente.

Como decía al principio, hoy en día nos invaden una infinidad de mensajes visuales, que están presentes en nuestra vida, desde que nos levantamos hasta que nos vamos a dormir, estos mensajes están proyectando mucho más de lo que creemos ver a simple vista.

A pesar que nuestra atención consciente es limitada, porque no podemos retener tantos estímulos a la vez, nuestro inconsciente sí los registra y los procesa, provocándonos distintos sentimientos y reacciones. Es donde la «grafología publicitaria» aporta las herramientas para la comunicación gráfica y visual y así ayuda a desarrollar en el receptor los estímulos que se desean trasmitir, de una forma positiva, tanto para la marca gráfica como para el público objetivo.

Entendemos que una marca encierra muchos significados para una identidad corporativa, nos habla de su personalidad, sus objetivos, refleja lo que una empresa es, pero también lo que las personas perciben acerca de ella.

La identidad de una marca debe responder a las necesidades de la empresa y también a las necesidades de los clientes de dicha empresa, por eso es importante que el aspecto gráfico sea creado con total conciencia y coherencia, y así evitar que el mensaje que se quiere dar sea negativo o no sea el deseado.

Los arquetipos toman vida sólo cuando intentamos descubrir, pacientemente, por qué y de qué modo tienen significado para un individuo vivo.

CARL G. JUNG

Todo lo que proyecta el ser humano, ya sea en un papel, una pared, una computadora, o cualquier otro soporte, tiene un contenido emocional y cultural y a la vez, esas proyecciones trasmiten a los receptores distintas sensaciones, emociones, pensamientos, sentimientos y reacciones. Por este motivo, es muy importante que se tenga una conciencia de aquellas proyecciones que trasmite un logotipo, tipografía o publicidad gráfica.

La historia del simbolismo muestra que todo puede asumir significancia simbólica: los objetos naturales (como piedras, plantas, animales, hombres, montañas y valles, sol, luna, viento, agua y fuego) o cosas hechas por el hombre (casas, barcos, coches) o incluso formas abstractas (números, el triángulo, el cuadrado y el círculo). De hecho, todo el cosmos es un símbolo posible. El hombre, con su propensión a crear símbolos, trasforma inconscientemente los objetos o formas en símbolos –dotándolos, por tanto, de gran importancia psicológica– y los expresa, ya en su religión o en su arte visual.

Carl Gustav Jung, El hombre y sus símbolos
Cap. 4, El simbolismo en las artes visuales, Aniela Jaffé

La grafología intenta aportar datos útiles y herramientas que ayuden a crear una identidad corporativa, con mayor influencia en el mercado, que motive más a los clientes para que adquieran sus productos o servicios y que sientan confianza en la marca. La confianza se obtiene logrando una mayor coherencia entre el producto/servicio y lo que se quiere comunicar. Al tomar consciencia de lo que estamos diciendo con una determinada tipografía, gesto gráfico, etc., logramos una coherencia porque mostramos lo que queremos decir, más allá de lo estético y de la comprensión visual, nos adentramos en el inconsciente colectivo, y haciéndolo consciente sabremos que nuestro mensaje será dado adecuadamente.

Puedo afirmar que la aplicación de la grafología publicitaria es una herramienta sumamente útil, y hasta me atrevo a decir necesaria, para el desarrollo de la comunicación gráfica y visual. A lo largo de ocho años de investigación, he ido comprobando cómo la grafología se va uniendo al diseño gráfico publicitario y cómo a medida que pasa el tiempo son más los profesionales de la comunicación gráfica y visual que comprueban su gran utilidad y eficacia para sus trabajos.

No puedo dejar de lado la gran admiración y gratitud que tengo hacia Manuel Moreno, desde el día que tuve en mis manos la primera edición de este libro, porque fue encontrar una fuente muy amplia de conocimientos, que me ayudó a continuar adelante con mis investigaciones sobre la relación entre el diseño gráfico y la grafología, que hasta ese entonces no sabía si podía llevarse a cabo.

Saber que el libro se reeditaría me dio más esperanzas de que falta muy poco para que esta nueva aplicación de la grafología tenga el reconocimiento que se merece. Escribir estas líneas es una forma de dejar mi agradecimiento y mis felicitaciones a Manuel Moreno, por ofrecer una lectura tan enriquecedora y plena de conocimientos. Queda plasmado en este libro la gran labor, dedicación y conocimiento del autor.

VANESSA LERNER
Buenos Aires, noviembre, 2013

Prólogo a la primera edición
desde el diseño gráfico

El avance del conocimiento en este nuevo milenio sin duda estará marcado por la interconexión de saberes de los diferentes campos y disciplinas que hasta no hace mucho trabajaban de manera independiente. Cada día es más habitual la formación de grupos interdisciplinares que a la vez aceleran el desarrollo del conocimiento hacen de éste un patrimonio global, más coherente y equilibrado.

Por ello, es siempre interesante encontrar conexiones entre diferentes campos científicos, que a partir de apasionadas exploraciones nos muestran la sorprendente unidad y orden de toda la existencia.

Esta inexplorada frontera que delimitaba la grafología y el diseño gráfico nos comienza a mostrar la riqueza que puede originarse al poner en contacto ambas disciplinas para optimizar la capacidad de comunicación en el doble sentido de expresión y comprensión de un mensaje.

La personalidad que pueda expresar un logo en su aspecto grafológico, en mayor o menor medida, debe apreciarse consciente o inconscientemente por quienes lo perciben, pues son rasgos surgidos directamente de esa manera de ser.

Las diferentes categorías en que se clasifica el análisis grafológico es sin duda un recurso excepcional que debería estar a disposición del diseñador para crear los rasgos más adecuados en cada caso. Con ello, para abordar el proyecto gráfico estaremos más capacitados para expresar mejor, de manera más clara y efectiva, valores difícilmente materializables como son los sentimientos, pautas de comportamiento, estados de ánimo y cualidades cognitivas.

Mediante los caracteres gráficos reforzamos el significado de nuestro mensaje más consciente. En ese diseño y expresividad formal, añadimos símbolos y rasgos conscientes a la vez que la fuerza de la creatividad personal incorpora ciertos componentes del inconsciente. En este sentido, sería muy útil poder evaluar todos los componentes en el análisis del resultado del proyecto gráfico.

Con sólo tener noticia de este trabajo, que suponía ofrecer el conocimiento extraído de la expresividad de la escritura al servicio del creador de mensajes gráficos en general, estaba convencido de que la conexión y los recursos que ello proporcionaría serían especialmente ricos e interesantes. Pero la entrada en cada uno de los capítulos que forman esta obra ha ido superando los límites de las mejores expectativas que pudiera imaginar. Resulta excelente el conocimiento que esta ciencia puede llegar a ofrecer al profesional del diseño en el concepto de lo simbólico arquetípico en el ámbito gráfico-espacial, como se ilustra de manera sistemática y amena en el capítulo uno. Forma, dimensiones e inclinación son los tres aspectos que en el siguiente capítulo se incorporan a este apasionante descubrimiento que es para el diseñador este libro. A continuación se dedica un erudito estudio a la firma personal y la firma corporativa que viene a plantear la conexión entre ambos conceptos de la identidad gráfica y, por último, se completa el estudio en los factores de orientación espacial, orden y continuidad de los trazados.

En el capítulo final disponemos de unos sencillos cuadros (diagramas de flujo), donde de manera sucinta se perfilan los significados grafológicos de los principales tipos de escritura que nos ayudan a hacer una orientación rápida.

Es evidente la dilatada reflexión y el tiempo de análisis y comparación que existe detrás de este trabajo, además de la frescura y la fuerza que trasluce la labor de alguien que, antes que nada, debe ser extremadamente apasionado de su trabajo en este campo, poseer una amplia cultura y disponer de una brillante inteligencia capaz de integrar tan diferentes planteamientos, culturas y formas distantes de entender la vida para resolver de manera totalmente integradora y original estas interesantes cuestiones.

La diferencia entre un profesional del diseño gráfico, un diseñador con poca experiencia y un diseñador no profesional es la capacidad de intuir y saber ciertamente qué es correcto y qué no lo es en un trabajo determinado. El diseñador novel necesitará de una serie de conocimientos y criterios para controlar esa capacidad de intuición y refinamiento de la sensibilidad del creador experimentado, para contrarrestar esa falta de consolidación de criterios. Cualquier otra persona que no tenga la capacidad de creación y la sensibilidad propias de un diseñador, o un artista en general, podrá adquirir todos los conocimientos que de manera consciente pueden emplearse para realizar un trabajo que no irá más allá de lo correcto. Este trabajo, sin embargo, no llegará a ser brillante o tener la fuerza expresiva que le haga destacar y obtener la óptima funcionalidad que debe pretender cualquier proyecto de diseño profesional. Es por ello por lo que esta búsqueda en el inconsciente, de la mano de la metodología científica de la grafopsicología, nos aportará una inagotable fuente de control de la personalidad que sugieren los aspectos formales y compositivos del diseño gráfico.

El propio valor de una solución gráfica personal y destacada entre el resto es el objetivo de identificación que cualquier proyecto de identidad corporativa intenta encontrar. El análisis y el conocimiento de las diferentes personalidades o caracteres de una serie de soluciones gráficas existentes definirán cómo destacar y orientar un proyecto gráfico determinado. La teoría de la individuación, que se argumenta en esta obra para hacer más conscientes los aspectos propios de la personalidad reflejados en los caracteres gráficos, nos ofrece un recurso fundamental para el desarrollo más consciente y objetivo de la expresión en el diseño gráfico.

Por otra parte, es evidente que el efecto de una imagen corporativa en los destinatarios y en el público en general no se trasmite únicamente por los rasgos gráficos del logotipo y su interacción con el espacio gráfico en que se inscribe. En el diseño de la imagen gráfica intervendrán al mismo tiempo los caracteres cromáticos propios, los contrastes, las texturas, las ilustraciones complementarias o referentes gráficos, el eslogan de las campañas, los soportes elegidos y la estrategia publicitaria en general. Sin embargo, los diseñadores somos conscientes de la falta de estudios de referencia y de una teoría de la expresividad del diseño tipográfico. Un logotipo es fácil de analizar en cuanto a la expresividad que pueda emitir, los referentes en denotación y connotación, etc., pero el camino que se nos abre de la mano de este valioso estudio de conexión de ambas disciplinas es realmente esperanzador. Es previsible que este primer paso iluminará otros muchos trabajos desde ambos lados para contribuir al desarrollo del conocimiento en general y, más concretamente, de la comunicación. Los estudios en investigación básica del diseño son desmesuradamente escasos con respecto a la investigación en desarrollo. Se obtienen grandes logros en cuanto a obras de alto nivel creativo y estético, al mismo tiempo que la aguda intuición de los diseñadores guarda los secretos del éxito de estas realizaciones. Ello ha originado que, en la actualidad, la relación arte y diseño haya dejado de ser un tema de debate porque, sin dejar de ser el diseño un arte funcional como lo ha sido tradicionalmente la arquitectura, cada día tiene más en común con los valores propios del arte propiamente dicho. Cualquier aportación a la investigación básica del diseño resulta especialmente bienvenida no sólo por lo escasas que son, sino al mismo tiempo por la falta de promoción institucional de I+D en este sector productivo, fundamental en la economía de todo país desarrollado.

Ha sido un grato placer descubrir inédito este trabajo, cuyo preámbulo he tenido el honor de realizar y que responde a cualquier tipo de exigencia de lo que es una investigación ejemplar. Los resultados de este innovador estudio aportan un conocimiento especialmente interesante para la evolución de la comunicación gráfica en sus aspectos esenciales.

Las últimas palabras son de agradecimiento por acercar una fuente tan interesante de enriquecimiento al campo del diseño y de felicitación por la excelencia de un trabajo que seguro que tendrá el amplio y merecido reconocimiento de quienes trabajan en cualquier aspecto de la comunicación personal y corporativa, para intentar llegar más allá de donde se consideran los límites de la intuición.

SEBASTIÁN GARCÍA GARRIDO
Catedrático de Diseño Gráfico en la
facultad de CC. de la Comunicación
Universidad de Málaga

Introducción a la segunda edición

Hace ya más de diez años que se publicó la primera edición de este libro. Es una gran satisfacción para mí la reedición de este trabajo, y por ello quiero agradecérselo de corazón a mi editor y amigo, Juli Peradejordi, así como a su profesional y eficiente equipo de Ediciones Obelisco.

En su momento, la temática que nos ocupa fue una mera reflexión personal en forma de artículo. Poco después, inicié un trabajo de ampliación de contenidos encaminado a convertirse en el primer libro que llamaba la atención acerca del paralelismo e intrínseco parentesco existente entre la conducta escritural y el lenguaje gráfico publicitario.

Esta relación era tan lógica y obvia, que pronto algunos profesionales de la grafología se destacaron en sus investigaciones y trabajos en este ámbito, de manera muy especial y fundamentalmente Vanessa Lerner, a quien todos reconocemos en la actualidad el liderazgo en el desarrollo profesional de la grafología publicitaria.

Lamentablemente, tampoco faltó quien, aprovechando el tirón creativo hecho público a través del artículo y posteriormente del libro, publicó dos años más tarde, en el año 2005, un libro cuya estructura, temática, capítulos y expresiones resultaron ridículos y manifiestamente plagiarios de nuestro trabajo pionero; sin tener siquiera la decencia moral y la probidad intelectual que se espera de cualquier profesional que se precie, de citar entre sus referencias bibliográficas la existencia de la primera edición del libro *Grafología y diseño gráfico publicitario,* publicado dos años antes, es decir, en el año 2003.

Hoy, la grafología ha adquirido por méritos propios una incuestionable credibilidad social y una mejor y mayor presencia en universidades españolas y de otros países del mundo.

Ningún profesional del campo del diseño gráfico, u otras disciplinas afines, que se aproxime a los estudios grafológicos, dejará de celebrar un saber, el grafológico, que relacionando ciertas conductas escriturales con la tipología personal, valores y actitudes de quien escribe, es capaz de aportar claves que pueden ser empleadas certera e inteligentemente en los diseños y creaciones publicitarios, especialmente en la confección de anagramas y logotipos, verdaderos equivalentes corporativos e institucionales de la tradicional firma personal autográfica.

MANUEL J. MORENO
Gijón, febrero de 2014

Introducción a la primera edición

Antes de sumergirnos en la lectura del libro, quisiera señalar algunas cosas. En primer lugar, agradecer el apoyo y estímulo recibido de muchos colegas y amigos, especialmente de Sebastián García Garrido, catedrático de Diseño Gráfico en la Facultad de CC. de la Comunicación, de la Universidad de Málaga, cuya receptividad y entusiasmo ha sido de mucho valor para mí, y por extensión para quienes profesamos la grafología de manera seria y honesta.

Una cosa más. Este libro abunda en citas a C. G. Jung. Como Saint-Exupéry con *El Principito*, «tengo una seria razón para ello», y es la firme convicción de que es preciso estimular, y en cierto modo retomar, la amplia y heterodoxa reflexión junguiana.

Valentín Melón, en sus Seminarios de Psicoterapia Psicoanalítica en el Hospital Psiquiátrico de Oviedo, me dijo una vez: «Jung es un autor para el siglo xxi». Como se trataba de un psicoanalista de orientación fundamentalmente freudiana, pensé que el comentario estaba trucado de ironía y así se lo hice saber, pero no, me recalcó que hablaba en serio. Efectivamente, creo firmemente que es preciso reflexionar la obra de Jung desde la psicología y psicoterapia actuales, también desde la grafología.

Los grafólogos y los estudiosos de las correlaciones grafismo-psique tienen en Jung una fuente permanente de sugerencias sobre la psique humana basadas en una dilatada experiencia psicológica, una formación humanística y filosófica verdaderamente extensa y la riqueza y claridad conceptual de una mente privilegiada.

La escritura es una puerta, un umbral portentoso hacia la interioridad del ser humano, un reflejo inocente de su alma inconsciente y una oportunidad para cualquier estudioso de ésta de encontrarse consigo mismo, toda vez que compartimos con los demás un subsuelo anímico que debe ser plenamente reconocido y vivenciado desde la experiencia personal, y no únicamente desde el ámbito conceptual. Sólo así, la tarea que tenemos entre manos obrará en nosotros la trasformación alquímica que toda actividad sentida debe operar sobre su autor.

MANUEL J. MORENO
Verano de 2003

Capítulo 1

GRAFOLOGÍA Y DISEÑO GRÁFICO PUBLICITARIO
La intersección entre dos caminos

La magia es el arte de influir conscientemente
sobre el mundo interior.
NOVALIS

El trabajo que tienes entre tus manos pretende un modesto pero, a mi juicio, indispensable diálogo y acercamiento entre la grafología y el diseño gráfico publicitario. La labor del diseñador gráfico es, a la manera del sastre o del interiorista, encontrar la medida adecuada y conveniente con la que vestir y revestir un cuerpo o un espacio concreto. Frente a ella está la labor del grafólogo, que es justamente la contraria o inversa, esto es, desnudar o desvestir el atuendo gráfico que la escritura (el grafismo) supone para encontrarse con el yo y su mundo anímico, infiriendo desde allí su conducta y actitudes típicas e idiosincrásicas. Sin embargo, ambas tareas, y sobre todo los conocimientos y fundamentos en los que ambos han de basarse para desarrollar una actividad competente, deben necesariamente encontrarse en algún punto.

Asumo, desde luego, que el tratamiento hecho de las imágenes y anagramas publicitarios a lo largo de este estudio pueden ser controvertidos desde la óptica del publicitario o del diseñador gráfico; la visión y análisis que se han aplicado son los de la grafología y no pretenden, en modo alguno, suplantar o sustituir los conocimientos, la creatividad y el punto de vista del diseñador gráfico, sino tan sólo

23

mostrar o incluso, meramente sugerir que ambos, diseñadores y gra-fólogos, estamos tratando con un lenguaje universal, único, simbólico y primordial, y que el conocimiento que cada una de estas disciplinas ha desarrollado acerca de este lenguaje puede enriquecer y completar el de la otra, e incluso me atrevería a decir que está destinado a ello.

Estoy seguro de que, partiendo de este acercamiento inicial, podrán realizarse otras muchas aportaciones que profundicen y hagan hincapié en detalles y aspectos importantes en aras de una mayor empatía entre ambas disciplinas. Desde aquí, animo a diseñadores y grafoanalistas en quienes calen las reflexiones aquí esbozadas a establecer puentes analó-gicos entre la expresión manuscrita y la creatividad publicitaria.

Grafología y diseño gráfico publicitario

El parentesco existente entre la creación de diseños gráficos publici-tarios en carteles, módulos publicitarios, logotipos y anagramas, y la ciencia que estudia de modo sistemático (desde el siglo XIX) la psicolo-gía inherente al trazado manuscrito o autógrafo –es decir, la grafología o grafopsicología– son muy evidentes y, contemplado desde una pers-pectiva aplicada, altamente productivas.

El hilo conductor del presente trabajo tiene como finalidad ejemplifi-car mediante la hermenéutica grafológica cómo aquello que en la escritura manuscrita la psique manifiesta de manera natural a través de símbolos gráficos espontáneos que modifican el patrón caligráfico estándar indivi-dualizándolo, el publicitario –y más específicamente el creador o diseña-dor gráfico– lo utiliza como herramienta aplicada a inducir de sensaciones y asociaciones de ideas que «activan» representaciones colectivas y moti-vaciones en el ámbito societal hacia el que se dirige su labor profesional.

Esta activación de ideas, emociones, sensaciones… tiene lugar de ma-nera subliminal, inmediata, directa, y por tanto, en mayor o menor me-dida, inconsciente. Luis Bassat en su *Libro rojo de la publicidad* habla de lo automática que «es la reacción de la gente ante la buena publicidad».

La publicidad alcanza su blanco cuando lo «creado» o diseñado, se encuentra «alineado» de manera adecuada con las predisposiciones más generales del psiquismo colectivo, esto es, del sustrato o trasfondo arquetípico sobre el que se halla edificado el recorte diferencial o individual que constituye la personalidad humana resultante de disposiciones innatas (heredadas), factores educacionales, socio-ambientales, etc.

Los resortes estimulares que permiten manipular o manejar las representaciones y disposiciones motivacionales de un colectivo han sido siempre y son hoy, con más razón que nunca, fundamentalmente debido a las posibilidades que ofrecen los grandes medios de comunicación de masas, las añoradas llaves del «éxito» para políticos, empresarios, comerciantes…, y en definitiva de proselitistas de cualquier causa y condición; dichos resortes se encuentran, de manera abierta o subrepticiamente, asociados a un conocimiento elemental del psiquismo profundo y arquetípico que, como ya hemos apuntado, sirve de sustrato atemporal a las distintas orientaciones y evoluciones socioculturales y psico-sociales sobre las que se desenvuelve el entramado histórico de las sociedades humanas.

La grafología o grafopsicología es la disciplina científica que estudia la estructura y procesos dinámicos de las escrituras manuscritas y de las producciones gráficas en general. Este estudio está basado en una discriminación sistemática y rigurosa de aquellas categorías que incluyen variables diferenciales que permiten atribuirle a una escritura o grafismo propiedades características que le confieren individualidad, «personalidad».

Estas categorías que permiten vislumbrar con la debida óptica diferenciada las variables gráficas objeto de análisis, son la forma y sus distintos subaspectos; la dirección u orientación del grafismo respecto de su contexto y concepto de línea base; la inclinación axial; el orden (organización, ubicación espacial, claridad, proporcionalidad…); el dinamismo y la velocidad inferida del trazado; la presión y sus fenómenos derivados: peso o grosor, tensión (firmeza), relieve, profundidad… La continuidad o cohesión; el tamaño o dimensiones (alto y ancho, regularidad dimensional, sobrealzamientos, prolongaciones zonales, trazos iniciales y finales…). El ambiente gráfico, positivo o negativo, que se evidencia a través de supracategorías como la euritmia del conjunto escritural (armonía), el nivel de individuación o diferenciación (vitalidad y expresividad de la caligrafía personalizada) y el dinamismo y fluidez del trazado.

La grafología, tal y como iremos viendo en los siguientes capítulos, considera en relación con cada una de las categorías señaladas múltiples variables que constituyen el correlato de los fenómenos gráficos reconocibles en cada escritura individual y la combinación específica resultante entre ellas.

Así por ejemplo, la categoría forma abarca distintas variables gráficas como escrituras o grafismos angulosos, curvilíneos, ornados u ornamentados, simplificados, sobrios, filiformes, complicados, progresivos, regresivos…;

Esta firma presenta un fisonomía filiforme, característica de personas dotadas para las sutilezas y la negociación diplomática. El grafismo es rápido, denotando agilidad mental, y presenta puntos finales característicos de la reserva, la prudencia y a veces de la desconfianza frente a los demás.

la categoría orden abarca variables cuya fenomenología se expresa atendiendo a la claridad frente a la confusión, proporcionalidad frente a desproporciones, organización gráfica y caligráfica…

Esta firma corresponde al arquitecto estadounidense diseñador del internacional museo bilbaíno Guggenheim, Frank O. Gehry. Desde la subjetividad anecdótica y curiosa y sin entrar en una valoración sistemática ni grafonómico-analítica del grafismo, se puede apreciar un asombroso parecido estructural entre la firma y el museo. Desde el punto de vista del análisis grafológico, también se observa en esta firma una extraordinaria creatividad vinculada con la voluptuosidad de las formas a través de los amplios bucles de la zona inferior (representación del mundo fenoménico y material).

El tamaño manifiesta sus variables mediante escrituras pequeñas, muy pequeñas, grandes, muy grandes, medias, anchas, estrechas, sobrealzadas, crecientes, decrecientes, irregulares…, etc.

Estas dos firmas pertenecen a la poeta y novelista Gloria Fuertes y al fotógrafo y director de cine Carlos Saura. Desde la óptica de las variables del tamaño, la firma de Gloria Fuertes es creciente y la de Saura, por el contrario, es decreciente o gladiolada además de sobrealzada de la zona media. Las escrituras crecientes son características de la candidez y cualidad emocional para el asombro y la magnificación de las emociones. Esta firma además, desde la óptica de la orientación de las líneas, es imbricada ascendente (escalera ascendente), lo que se traduce en una tendencia al optimismo, al entusiasmo desbordante, que el escribiente ha de refrenar y moderar una y otra vez. La firma decreciente, gladiolada o ensiforme de Carlos Saura se interpreta, cuando existe un buen nivel de tensión y dinamismo, como es el caso, como un indicador grafológico de visión penetrante, agudeza, perspicacia y capacidad para la comprensión de los móviles ajenos.

La observación de esta rica fenomenología, altamente individualizada en cada escritura, constituyó el primer paso en el protocolo del método científico que convirtió el grafismo manuscrito en objeto sistemático de estudio.

De la amplísima fenomenología grafológica surge la pregunta, ¿existe alguna razón o motivo descriptible y significativo por el que cada persona presenta una constelación determinada y peculiar de signos gráficos (por ejemplo: una escritura muy inclinada, de tamaño grande, margen izquierdo abundante, una escritura angulosa, fuertemente presionada…, etc.) perfectamente diferenciada de la de cualquier otra persona?

Desde hace muchas décadas, los grafólogos y otros estudiosos han buscado correlaciones ciertas entre tales características grafonómicas y las pautas habituales de conducta y rasgos característicos de la personalidad del sujeto escribiente. El resultado es una pléyade de teorías continuamente revisadas y contrastadas que dimanan, no de la especulación gratuita de mentes calenturientas, sino de la contrastación de hipótesis o proposiciones hipotéticas desde donde cabe inferir que la manera y modos de escribir de un sujeto constituye un verdadero lenguaje y una representación analógica de su conducta y procesos psicológicos superiores, así como de su circunstancia anímica o fisiológica específica.

Quien se dedica habitualmente a la grafología aplicada, es decir, al análisis e interpretación grafopsicológica, sabe que esto es un hecho cierto y evidente, perfectamente ejemplificable mediante casos concretos, fruto de un razonamiento inductivo, probabilístico, perfectamente coherente desde el punto de vista epistemológico y que demuestra su correcta adecuación en cada incursión aproximativa que hacemos al universo de constructos que describen y definen la individualidad humana.

Respecto del razonamiento inductivo característico de la valoración grafonómica de un escrito y de su interpretación grafopsicológica, en el manual obligatorio o libro de texto que se estudia en segundo de Psicología (UNED plan renovado 2002/2003) y que corresponde a la asignatura de Psicología General II, *Cognición humana. Mente, ordenadores y neuronas*, Antonio Crespo señala:

De forma alternativa al razonamiento deductivo, en el razonamiento inductivo la conclusión obtenida va más allá de los presupuestos de partida. La conclusión de un razonamiento inductivo no es una cuestión de validez formal sino de probabilidad. […] El razonamiento inductivo se rige por el denominado criterio de fuerza de la inducción, según el cual un argumento inductivo es robusto cuando existe una alta probabilidad de que su conclusión sea verdadera al ser las premisas verdaderas. […] El razonamiento inductivo es un proceso no demostrativo siendo la *derivación de reglas* y la *predicción de acontecimientos* los dos grandes sistemas inductivos por excelencia. En la derivación de reglas se pretende obtener una ley o norma que rija y dé cuenta de los eventos. *En la predicción de los acontecimientos se pretende predecir el comportamiento de un evento a partir de la evidencia recogida sobre ejemplos anteriores.* Por todo ello se afirma que *el razonamiento inductivo procede de lo particular a lo general.* […] debe caerse en la cuenta de que los procesos de categorización, la creación de clases, no son sino consecuencia de la aplicación de mecanismos de razonamiento inductivo. Categorizar es agrupar y dicha agrupación se consigue pasando de los elementos particulares, de las individualidades, a las propiedades o equivalencias generales, descubriendo así rasgos o propiedades que son compartidos por los ejemplares que pertenecen a una categoría o clase específica con objeto de ser tratados de manera equivalente. Los enfoques teóricos desde los que se ha abordado el estudio de los procesos de categorización han sido diversos. La evolución ha procedido desde los modelos deterministas a los modelos probabilistas inspirados en las categorías naturales.[1]

Entre las diferentes especialidades o ramas aplicadas de la grafología, y partiendo siempre del estudio sistemático de las características morfológicas y dinámicas del grafismo, encontramos la grafopsicología (que es la rama de la grafología más conocida popularmente y la que se considera corrientemente, por defecto, como grafología propiamente dicha), que consiste en el estudio de las correlaciones existentes entre la psicología del escribiente y su habitual modo y maneras de «gesticular» al escribir.

Esta especialidad, que es la que trataremos en nuestro estudio para establecer analogías y correspondencias con el diseño gráfico publicitario, permite realizar inferencias sobre el estado anímico, motivaciones, presupuestos ideológicos, cualidades cognitivas y representacionales, pautas habituales de conducta, rasgos y características de personalidad, temperamento, biotipos, funciones cognitivas predominantes, estado de individuación, equilibrio psicológico, etc.

El lenguaje gráfico presente en anagramas, logotipos, carteles publicitarios, páginas web, es decir, la publicidad gráfica en general, manifiesta la misma fenomenología y criterios sobre los que descansa la interpretación psicológica de las escrituras manuscritas. Los creadores o diseñadores gráficos son de algún modo cómplices de un lenguaje gestual y simbólico natural, que emparenta las diversas variables grafológicas del grafismo con las ideas y contenidos que interesa trasmitir. Esta influencia gráfica tan significativa puede resultar favorable, más o

---

1. La cursiva es mía.

menos neutra o bien contraproducente, sin que muchas veces el diseñador o el publicitario discrimine del todo la teórica argumental que sostiene dicho efecto.

Naturalmente, un conocimiento exhaustivo de estas leyes y principios habrá de redundar en una mayor eficacia y productividad en el quehacer profesional tanto de grafólogos y grafoanalistas como de diseñadores gráficos potenciando así la creatividad de su arte e intuición, complementándolo con el conocimiento de las leyes y principios que gobiernan las configuraciones gráficas espontáneas, esto es, las diferentes combinaciones de variables que adopta la escritura manuscrita en franca correspondencia con el psiquismo y personalidad del sujeto escribiente.

Por tanto, el doble objetivo propuesto es, por una parte, evidenciar que el diseño gráfico puede ser concebido como una rama aplicada interrelacionada con la ciencia grafológica general en su vertiente psicológico-instrumental, y por otra, que valiéndonos de un conocimiento adecuado del lenguaje gestual y simbólico natural presente de manera involuntaria y universal en los modos y maneras de escribir, más allá de las fronteras idiomáticas, podremos elaborar modelos de anagramas, logotipos, páginas web y carteles publicitarios en general, que penetren de manera efectiva y elocuente en los entresijos de la interioridad de aquellas personas o colectivos para quienes han sido concebidos y diseñados.

Logotipos y anagramas

El anagrama puede ser definido como una trasposición creativa de letras, sílabas, palabras o iniciales. A menudo consiste en la elección de una determinada tipografía, en mayor o menor medida creativa, del nombre o designación comercial representativa de una empresa o institución, esencialmente referida a tipos de letra, colores, morfología, orientación espacial, etc.

Estableciendo una primera aproximación analógica con las escrituras manuscritas, el anagrama y sus modalidades morfológico-estructurales equivaldrían a los diferentes tipos de escrituras, lo que Crépieux-Jamin denominó especies gráficas. Así, un anagrama de letras muy inclinadas equivale a la escritura manuscrita cuya inclinación axial de letras rebasa los ciento treinta y cinco grados, mostrando así una dinámica comercial o de empresa orientada expresivamente hacia conductas que buscan activamente el agrado del cliente, el contacto personal, afectivo y una disposición vital extravertida.

El «ME URGE» de la publicidad ofertada en esta tarjeta se halla refrendado grafológicamente por la inclinación de las letras, lo que confiere al grafismo un atributo dinámico, activo, y que se corresponde con la producción natural y espontánea de este fenómeno gráfico en sujetos apasionados, dinámicos, extravertidos y comunicativos. La firma de don Miguel de Unamuno, hiperligada, decreciente y muy inclinada, entre otras variables, traduce un ánimo apasionado, impetuoso y una dinámica cognitiva basada en la lógica y la conectividad integradora del pensamiento.

Un anagrama debe, por tanto, ser gestado y elaborado tomando muy en cuenta las implicaciones caracterológicas y conductuales grafológicamente asociadas a las variables que manifiestan las principales categorías gráficas que ya hemos mencionado anteriormente: forma, dirección, inclinación, orden, dinamismo o velocidad inferida, grosor, tensión (firmeza), relieve, continuidad o cohesión, dimensiones, zonas gráficas resaltadas…, y con arreglo a todo ello ser capaces de exportar y trasmitir de manera eficaz la dinámica y «personalidad» de la empresa o institución a la que el anagrama representa.

Éste debe poseer la virtualidad de expresar la «idea» directriz y la esencia de la actividad que le es propia a la empresa o institución de la que se ha erigido en representante y «portavoz» gráfico.

La personalidad de la marca ayuda a que el anuncio guste. Es una relación permanente y de dos sentidos, en la que el anuncio refuerza la personalidad de la marca, y a su vez se alimenta de ésta.

LUIS BASSAT

El logotipo vendría a ser una especie de espíritu figurativo de la empresa o institución, su «escudo»; un sello distintivo que le otorga dignidad y autoafirmación. Su morfología va a constituir un elemento identificativo que será inseparable de cuantas evocaciones mnésicas se hagan individual o colectivamente de la entidad a la que sirve de estandarte.

El logotipo puede ser perfectamente comparado o equiparado en cuanto a su función asignada con la firma manuscrita. Ésta supone para el escribiente una *imago* cuyo sentido, de extraordinaria relevancia social, consiste en asentir, afirmar, establecer conformidad con lo expresado; firmar es declararse autor y responsable del documento o del texto y de su significación semántica; desde el punto de vista de la simbología que le es grafológicamente inherente, la firma pone de manifiesto la dialéctica entre la realidad interna y el ambiente existencial y ocupacional en el que se halla inmerso y con el que se halla relacionado el escribiente.

Desde esta perspectiva, la firma muestra, además del rasgo dominante del carácter (Matilde Ras), el diseño vital de partida y el posicionamiento inconsciente frente a la manera de conducirse del yo hacia la propia individuación, es decir, hacia el propio patrón inherente de existencia.

La selva mediática

Realmente, nuestras modernas ciudades presentan una faz abigarrada de carteles, rótulos publicitarios y consignas grafológicas. Esta omnipresencia gráfica de significativa ejerce una influencia continua y subliminal sobre el viandante o el automovilista metropolitano; cualquier revista, periódico, programa televisivo, radiofónico…, abunda en publicidad gráfica dirigida a nuestro psiquismo, buscando permanentemente mover los resortes adecuados que focalicen nuestra atención explícita o implícitamente, y, como sobre una alfombra voladora dispuestos, que seamos capturados por la excitación que las representaciones mentales «asociadas» al continente y a los contenidos publicitarios ejercen sobre nosotros.

Este lenguaje natural, arcaico y primordial de los gestos, parece ser el patrón o modelo natural empleado por nuestro sistema cognitivo más elemental e instintivo (inconsciente), como instrumento de expresión emocional. Un elocuente y cotidiano ejemplo de ello lo constituyen los denominados síntomas neuróticos, a través del metalenguaje que dichos síntomas manifiestan. En su obra *El hombre y sus símbolos*, Jung, psiquiatra y padre de la psicología analítica («Por "analítico" entiendo cualquier modo de proceder que tenga en cuenta la existencia de lo inconsciente» C. G. Jung), se refiere a este fenómeno así:

> Antes del comienzo de este siglo [se refiere al siglo xx, por tanto, antes del comienzo del siglo xx), Freud y Joseph Breuer habían reconocido que los síntomas neuróticos –histeria, ciertos tipos de dolor, y la conducta anormal– tienen, de hecho, pleno significado simbólico. Son un medio por el cual se expresa el inconsciente, al igual que hace por medio de los sueños que, del mismo modo, son simbólicos. Un paciente, por ejemplo, que se enfrenta con una situación intolerable, puede provocar un espasmo siempre que trate de tragar: «no puede tragarlo». En situaciones análogas de tensión psíquica, otro paciente tiene un ataque de asma: «no puede respirar el aire de casa». Un tercero sufre una peculiar parálisis de las piernas: no puede andar, es decir, «ya no puede andar más». Un cuarto, que vomita cuando come, «no puede digerir», cierto hecho desagradable. Podría citar muchos ejemplos de esta clase, pero tales reacciones físicas son sólo una forma en la que los problemas que nos inquietan pueden expresarse inconscientemente.

Psicología de las principales coordenadas morfológico-estructurales en algunos ejemplos publicitarios

Los parámetros a través de los que la grafología discrimina y clasifica las principales variables escriturales (especies gráficas), esto es, la forma, tamaño, presión, inclinación, orden, orientación espacial de las líneas, dinamismo, continuidad, predominio zonal…, son referentes estructurales con una fuerte carga asociativa simbólica que permite al grafoanalista realizar inferencias (deducciones) de gran alcance y realismo acerca del perfil cognitivo y conductual del escribiente. Dicho perfil no brota, sin embargo, de la valoración de uno solo de estos parámetros, sino de la combinación individuada que tiene lugar en cada escritura, una combinación que al igual que la de nuestros genes, es única e idiosincrásica.

En el diseño gráfico de anagramas, logotipos, carteles publicitarios, páginas web… estos parámetros constituyen un lenguaje combinado de símbolos que deberán poseer la virtualidad de trasmitir la idea o conjunto de ideas que se pretende difundir.

A veces, esta combinación de parámetros resulta poco afortunada y no encuentra el eco correspondiente ni la aceptación que se pretende en toda creación gráfico-publicitaria. Veamos un ejemplo.

Estos dos diseños corresponden a dos productos conocidos mundialmente de la marca Coca-Cola (The Coca-Cola Company). A pesar del tiempo trascurrido, el anagrama tradicional de Coca-Cola mantiene intacto el correcto ajuste (grafológicamente considerado) entre las variables grafológicas de las que está compuesto y el espíritu juvenil, fraternal, optimista y desenfadado con el que pretende verse asociado.

Sin embargo, el anagrama de Cherry Coke, otro producto de Coca-Cola que no obtuvo el éxito esperado en el mercado, constituye un ejemplo flagrante de un diseño gráfico que contraviene las más elementales consideraciones grafológicas.

Si analizamos ambos anagramas, apreciaremos, por una parte, que el anagrama tradicional de Coca-Cola ajusta sus parámetros grafológicos a variables (especies gráficas) como: formas curvilíneas (escritura redondeada o curva, género forma); trazado de calibre grueso (peso aparente, género presión); dirección de la línea ascendente (género dirección); trazado de las letras con continuidad (escritura ligada, género continuidad); trazos finales de la letra inicial en Coca y en Cola abarcando zona inferior y zona superior respectivamente (en la zona superior con un bucle intermedio); tamaño grande (género tamaño); tipografía caligráfica, modélica, con presencia de espirales (escritura caligráfica y ornada, género forma); la inclinación axial de las letras es moderadamente dextrógira (a la derecha) y en esta versión, aunque no siempre, la botella de Coca-Cola está inclinada hacia la izquierda (ámbito gráfico-representacional del yo).

Todas las variables grafonómicas mencionadas expresan grafológicamente y de manera acertada la idea primordial de los mensajes publicitarios de Coca-Cola y el ámbito sociológico al que va dirigido. Coca-Cola es «la chispa de la vida», siempre avivando la idea y el sentimiento de optimismo, vitalidad, espíritu juvenil, solidaridad y fraternidad (al menos eso venden), cordialidad y contento, entusiasmo, sensualidad…, etc., cualidades y sentimientos perfectamente expresados mediante las correspondientes variables grafológicas dominantes anteriormente descritas.

Ahora bien, si observamos el anagrama de Cherry Coke, llegaremos a la conclusión de que la idea principal que la compañía lograba proyectar y trasmitir en cuanto a sociabilidad, animosidad juvenil integrada en el orden colectivo (formas caligráficas)… ha sido «traicionada» en un anagrama, el de Cherry Coke, sombrío, impersonal, anguloso… caótico. En primer lugar nos enfrentamos con variables grafonómicas irregulares, prácticamente ningún parámetro grafológico es estable: líneas sinuosas de dirección descendente; trazado de grosor o calibre irregular; se ha adoptado una tipología en mayúsculas con el empobrecimiento expresivo que de ello resulta; formas angulosas; una inclinación axial vibrante y moderadamente invertida; el interlineado no se respeta, generando así una escritura, según el género gráfico Orden «confusa»; los caracteres están yuxtapuestos, desligados.

Todas estas variables muestran una constelación de elementos grafológicos que traducen una psicología anárquica, ciertamente sombría. Un presupuesto conductual inconstante, desmotivado, falto de energía y entusiasmo genuino, podríamos decir que incluso pesimista, carente de valores; una disposición interior profundamente desarraigada…, tal vez, una manifestación grafológica asociable a la dimensión sombría del espíritu de nuestro tiempo, al menos, en lo que a una parte importante de nuestra juventud se refiere.

Un ejemplo de diseño gráfico extraordinariamente original y grafológicamente curioso es esta página publicitaria de la marca de vodka sueca Absolut.

Esta página publicitaria basa su lenguaje en la analogía que se sugiere entre el desmembramiento de la caligrafía en su segunda mitad y la caída de las hojas en otoño (absolut autum = otoño absoluto).

Resulta cuando menos curioso que se utilice la caligrafía de la botella, el desmembramiento de las líneas (la línea es un exponente grafológico del estado anímico) para simbolizar el otoño.

El otoño es la estación melancólica, reflexiva y meditabunda, cuando la naturaleza convalece y se prepara para el invierno; la caligrafía y la botella parecen representar aquí las hojas y el árbol respectivamente. La caligrafía sabemos que es una manifestación de la personalidad pero quizás es menos conocido que el árbol también es una imagen arquetípica del sí-mismo (*arbor philosophorum*).

Si leemos en el margen izquierdo, en su parte superior leemos «Bebe con moderación. Es tu responsabilidad». Visto grafológicamente y con cierta libertad, el motivo aquí empleado, resulta que la caligrafía cohesionada y en cuanto a la dirección de las líneas, emocionalmente estable de la primera mitad de la escritura estampada en la botella se descohesiona y pierde la coherencia de su direccionalidad.

Si consideramos que la escritura es una expresión genuina de la personalidad y que las líneas son un exponente primario del estado anímico del escribiente, resulta difícil no encontrar una correspondencia analógica con lo que sucedería si se rebasan las expectativas de moderación en la ingesta de alcohol que el cartel aconseja.

La leyenda que cabría inferir desde esta óptica alternativa podría traducirse como: «Si usted mantiene un consumo moderado, prudente, mesurado de este vodka, las líneas de su escritura, esto es, su personalidad, se mantendrá sobria, equilibrada, dueña de sí misma y anímicamente estable. Un consumo excesivo e imprudente de esta bebida alterará su personalidad y será incapaz de mantener la compostura y de controlar su emotividad».

Ahora bien, ¿ha sido el diseñador de este cartel o motivo publicitario plenamente consciente de dicha analogía? Probablemente no, aunque, desde mi punto de vista, eso no importa mucho; lo verdaderamente importante es que podamos acercarnos al lenguaje arcaico y primigenio de lo inconsciente, tal y como se nos presenta en la fenomenología grafonómica de las escrituras manuscritas así como tiene lugar en la producción de símbolos oníricos. En este caso, la creatividad del diseño gráfico es una ocasión excelente para que se vuelquen y exterioricen (proyecten) dichos elementos simbólicos que, en última instancia, pertenecen al trasfondo de lo inconsciente colectivo del cual todos somos individualmente partícipes.

En la creación de muchos anagramas, logotipos o rótulos publicitarios, no resulta imprescindible saber si el diseñador –y menos aún si el dueño de un negocio o empresa, que debe ser quien decide en última instancia que ése es el anagrama, rótulo o logotipo que más le «gusta», justamente el que «encajaba» para su negocio–, si éste, digo, era o no consciente de las implicaciones históricas, plásticas o simbólicas de él; probablemente fue su sentido inconsciente el que estableció dichas correspondencias, de manera inmediata pero efectiva. A menudo son decisiones u opciones afectivas y emocionales las que tienen la última palabra.

[...] los símbolos no sólo se producen en los sueños. Aparecen en toda clase de manifestación psíquica. Hay pensamientos y sentimientos simbólicos, situaciones y actos simbólicos. Frecuentemente parece que hasta los objetos inanimados cooperan con el inconsciente en la aportación de simbolismos. Hay numerosas historias de probada autenticidad acerca de relojes que se paran en el momento de morir su dueño; uno fue el reloj de péndulo en el palacio de Federico el Grande en Sans Souci, el cual se paró al morir el emperador. Otros ejemplos corrientes son los de espejos que se rompen, cuadros que caen cuando ocurre un fallecimiento; o roturas menores, pero inexplicables, en una casa donde alguien está sufriendo una crisis emotiva. Aun si los escépticos se niegan a dar crédito a tales relatos, las historias de esa clase siempre siguen presentándose, y eso sólo puede servir de amplia demostración de su importancia psicológica. Sin embargo, hay muchos símbolos (entre ellos el más importante) que no son individuales, sino colectivos en su naturaleza y origen.

[...] Una historia contada por la mente consciente tiene un principio, un desarrollo y un final, pero no sucede lo mismo en un sueño. Sus dimensiones de tiempo y espacio son totalmente distintas; para entenderlo hay que examinarlo en todos los aspectos, al igual que se puede coger en las manos un objeto desconocido y darle vueltas y más vueltas hasta que se conocen todos los detalles de su forma. [...] Mucha gente supervalora equivocadamente el papel de la fuerza de voluntad y piensa que nada puede ocurrir en su mente sin que lo haya decidido e intentado. Pero debemos aprender a discriminar cuidadosamente entre los contenidos intencionados e inintencionados de la mente. Los primeros derivan del ego de la personalidad; sin embargo, los últimos provienen de un origen que no es idéntico al ego, sino que es su «otro lado».

C. G. Jung
Acercamiento al inconsciente

Las escrituras manuscritas sinuosas muestran inequívocamente la inestabilidad del sujeto escribiente, su incapacidad para mantener un estado de ánimo equilibrado, constante y regular. La estabilidad de la línea de base, por el contrario, es un indicador de sostén anímico, de estabilidad y firmeza, de consistencia. Entendemos que la dirección, orientación espacial y características de la línea en las escrituras manuscritas constituyen un verdadero «termómetro» del estado anímico y una manifestación causal o sincronística de la cualidad anímica de los procesos psicológicos que tienen lugar en el sujeto escribiente.

Distinguidos señores:

Me dirijo a ustedes, con el motivo del anuncio publicado en el periódico "▬▬▬▬▬", del día ● del presente mes, en el cual requerían una persona para desempeñar el puesto de ▬▬▬▬

Para su conocimiento y consideración adjunto mi "curríc vitae" donde detallo mi formación.

Asimismo, considérenme a su completa disposición para cualquier aclaración o posible entrevista.

En espera de sus noticias, atentamente,

Esta escritura adolece de una dirección de líneas irregular que afecta también a la línea de base de algunas palabras sinuosas («publicado», «considérenme»…). Este tipo de líneas muestra una emotividad intensa e inestable.

En este caso volvemos a encontrar palabras sinuosas y sobre todo palabras de finales caídos o descendentes. Vemos aquí un ánimo depresivo, conflictos e inhibiciones internas compensados por una fuerte voluntad y perseverancia.

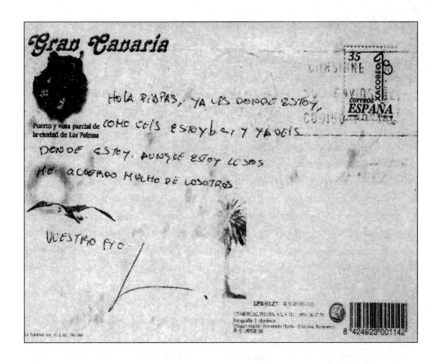

El acto fallido *o* lapsus calami *en la escritura (grafología emocional) tie-*
ne lugar allí donde se produce un disonancia cognitiva entre lo que digo
y lo que sé, entre la actitud consciente y la inconsciente. El acto fallido
representa una incursión involuntaria, y a menudo inoportuna, del ánima
(en los varones) y del animus (en las mujeres) en tanto que representación
y portavoz arquetípico de la personalidad inconsciente.

En este caso, se trata de una postal dirigida por un joven recién incor-
porado al Ejército en España, concretamente a la Marina. Sus padres, que
vivían (y viven) en Asturias, recibieron esta postal por correo ordinario.
Su padre, a quien me unen vínculos de amistad, me dio la postal y quiso
una valoración grafopsicológica del escribiente.

Un análisis grafonómico de este escrito, es decir del aspecto conti-
nente (para el cual no es necesario ni aún recomendable curiosear su con-
tenido semántico) pone de manifiesto una escritura en mayúsculas (for-
ma), en escalera descendente (imbricada descendente, dirección), una
inclinación ambivalente *(inclinación),* lenta *(velocidad),* desligada *(con-*
tinuidad o cohesión), aérea (espaciamiento excesivo entre líneas, orden)…
firma ilegible, impersonal y a la izquierda del escrito…

Las especies dominantes en esta postal son la dirección imbricada
descendente *de las líneas, que muestra fundamentalmente la lucha contra*

el desánimo y sobre todo contra el hecho de trasparentarlo; la utilización de mayúsculas, *que muestra una envoltura adicional de la personalidad y por tanto un enmascaramiento impermeable de las emociones y el espaciamiento entre líneas.*

Todo lo comentado da pie a una interpretación grafopsicológica que traduce un estado anímico de desaliento, decaimiento (dirección descendente) y una lucha consciente por no dejarse hundir en la depresión (imbricada descendente) y el mecanismo y empeño tipológico, y en este caso también circunstancial, de dificultar o impedir traslucir las verdaderas emociones (escritura habitualmente elaborada en mayúsculas)...

Ahora bien, más allá del análisis grafopsicológico del «continente» gráfico, desde un enfoque y perspectiva grafoemocional, esto es, estableciendo relaciones significativas «continente-contenido», podemos apreciar un elemento absolutamente extraordinario: todo el escrito está realizado con letras mayúsculas (de inclinación ambivalente e inestablemente ancladas en la línea que virtualmente sirve de asiento a la progresión del escrito y que constituye una representación simbólico-espacial del soporte anímico sobre el que discurren los procesos psicológicos), excepto la palabra «bien».

Esta palabra («bien») está escrita en minúsculas contrariando el contexto estructural y la forma (el formato) del escrito. Y es precisamente en este punto clave del escrito donde resulta reconocible y diagnosticable el acto fallido *o* lapsus calami *(equivalente al* lapsus linguae*). De la misma manera que cuando queremos resaltar algo lo ponemos en MAYÚSCULAS, en este caso, el uso repentino y presumiblemente involuntario (inconsciente) de las minúsculas supone una subvaloración o degradación del contenido o aspecto semántico de dicha palabra en relación al contexto sintáctico en el que se halla inmersa.*

En este acto fallido*, la realidad psicológica y anímica del escribiente (el hecho de que estaba muy afectado, deprimido) se hace patente y reivindicativa a través del «síntoma», en este caso el* lapsus linguae*, decir «bien» allí donde, siguiendo la coherencia del verdadero y legítimo estado de ánimo, debería decir «MAL». La oposición inconsciente al mantenimiento de la impostura es una manifestación arquetípica del ánima (o del animus en su caso) cuya función trascendente es crucial para el desarrollo de la individuación (véase capítulo 3 de* El hombre y sus símbolos *de C. G. Jung a cargo de M. L. von Franz, ed. Paidós).*

Efectivamente, tal y como me confirmó su padre, el muchacho estaba atravesando una crisis depresiva de la cual le resultaba vergonzoso hablar.

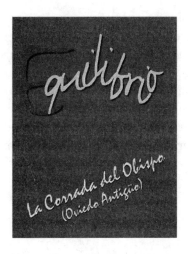

Esta tarjeta de un pub del casco antiguo de la ciudad de Oviedo, Equili-
brio, presenta una escritura sinuosa que no sólo al sentido común le ha-
bla de desequilibrio sino que, como hemos dicho, es la expresión psíquica
espontánea en las escrituras manuscritas de la inestabilidad del ánimo.
Parece que aquí se opta por establecer una analogía inversa (analogía
de los contrarios) para llamar la atención por medio de la incongruencia
entre el mensaje y su exposición gráfica.

La atmósfera de lo psíquico en la expresión artística

Evidentemente, la producción artística (pintura, escultura, música, literatura…) constituye un canal expresivo de alcance universal, un verdadero ámbito de comunicación y autocomunicación, que permite la
escenificación simbólica y arquetípica del drama humano orquestada
desde la intimidad del sí-mismo.

El artista no inventa, muestra.

ERNEST JÜNGER
La tijera

El ojo del artista siempre debería mirar hacia su vida interior y su oído
siempre debería estar alerta para escuchar la voz de la necesidad interior.

WASSILY KANDINSKY

[...] muchos artistas llevan las ideas y cuestiones nacidas de su ego al borde del núcleo y las dejan caer en él, intuyendo con razón que las recuperarán infundidas o lavadas con el extraordinario sentido psíquico de la vida. [...] Por eso son tan importantes las imágenes y el lenguaje que surgen de este núcleo. Combinados entre sí, las imágenes y el lenguaje poseen el poder de trasformar una cosa en otra de una manera que, con la simple fuerza de voluntad, sería muy difícil y tortuosa de alcanzar. En este sentido, el Yo del núcleo (léase el Sí-mismo), es decir, el Yo instintivo, es curativo y vitalizador.

CLARISSA PÍNKOLA ESTÉS
Mujeres que corren con los lobos

En su trabajo sobre *El grafismo y su relación con lo inconsciente*, Ariel Pernicone cita un comentario de Freud de su texto *Un recuerdo infantil de Leonardo Da Vinci*, en donde el médico vienés declara: «Si profundiza algo en este cuadro, *Santa Ana, la Virgen, y el niño*, al contemplador le sobrevendrá como un entendimiento súbito: sólo Leonardo podía pintarlo... En este cuadro se ha plasmado la síntesis de su historia infantil».

Hace algunos años tuve ocasión de contemplar colgado de la pared en la sala de estar de la casa de mi amiga, la reflexóloga gijonesa Susana

Alvarez, un cuadro del escultor y pintor asturiano José María Navascués (1934-1979). El motivo del cuadro me inquietaba, irradiaba una atmósfera de tragedia anímica, una onírica y amenazadora simbología impregnada de sombríos presagios.

Navascués murió «accidentalemente» (versión oficial) tras caerse de una iglesia en Oviedo (Asturias), aunque se piensa que se suicidó.

El cuadro muestra tres caballos cuyo gesto es de evidente sufrimiento; están atormentados y agonizantes; un caballo negro, otro blanco y otro de color rojo. Resulta notable y significativo que sea precisamente este animal, el caballo, tradicionalmente asociado a la mente, quien sirva de representación pictórica en un cuadro cuya atmósfera está caracterizada por este clima de desasosiego, angustia y amenaza…, parecería ilustrar el ambiente íntimo de la psique del pintor, un clima interno donde el desasosiego parece intenso y en cierto modo desesperanzado.

Todo elemento psíquico inconsciente se proyecta hacia fuera.

C. G. JUNG

En la obra de arte se trasmite a los ojos y a los oídos aquello que no cabe ver ni oír.

ERNEST JÜNGER

En su obra *Los complejos y el inconsciente,* Jung analiza el sueño angustioso de un paciente en el que aparece su madre (la madre del paciente) ahorcada y después un caballo enloquecido que tras galopar por el pasillo se precipita por la ventana hasta terminar aplastándose contra el suelo. Referente a la imagen onírica del caballo dice:

El caballo es un arquetipo muy difundido en la mitología y el folklore. En tanto que animal, encarna la psique no humana, lo subhumano, el animal que hay en nosotros y, por ello, el psiquismo inconsciente; así, los caballos del folklore son clarividentes, capaces de comprensión y a veces hasta dotados de la palabra. Siendo animales portadores, los caballos están en estrecha relación con el arquetipo de la madre (valquirias que llevan al héroe caído al Walhalla, Caballo de Troya, etc.). Animal sobre el que el hombre monta, el caballo evoca el abdomen y los impulsos instintivos que nos asaltan. En caballo es dinamismo y vehículo; lleva hacia una meta del mismo modo que un instinto, pero, al igual que los instintos, está sujeto al pánico, ya que carece de las facultades nobles del consciente. El caballo es pariente próximo de la magia, es decir, de las energías irracionales, de los encantamientos, sobre todo los caballos negros, caballos nocturnos, anunciadores de la muerte.

«El caballo», como se ve, es un equivalente de «la madre», pero con otra matización, pues la significación se desplaza desde «vida originaria» (la madre) a «vida puramente animal y corporal» (el caballo). Trasladremos este sentido al sueño; resulta de ello la siguiente interpretación: vida animal que se destruye a sí misma.

Los dos temas suenan, pues, de un modo casi idéntico, siendo el segundo, como en el caso general, el que se expresa de forma más específica. Se habrá notado el tacto extremo del sueño: no habla de la muerte del individuo. Es notorio que se sueña fácilmente con la propia muerte; cuando ocurre, no es nada serio. Cuando realmente está en juego la vida del ser, el sueño habla en otro lenguaje.

Las dos partes del sueño indican, por tanto, una grave enfermedad orgánica de desenlace fatal. Este pronóstico fue confirmado muy pronto.

C. G. Jung
Los complejos y el inconsciente

Resulta al menos curioso que los caballos en el cuadro de Navascués se representen mediante los tres colores que los alquimistas medievales, según Jung, filósofos de lo psíquico (véanse sus libros *Psicología y alquimia* y *La psicología de la trasferencia*), utilizaron para caracterizar los procesos y etapas del Opus, de la Gran Obra, para Jung, un *analogom* del proceso de individuación, equivalente a la realización del sí-mismo, el arquetipo de la totalidad y de la realización espiritual. La Nigredo, que correspondería al estadio inicial, está representado por el color negro; la Albedo, segundo estadio, es el crepúsculo, el blanqueamiento, el reconocimiento y la toma de conciencia del arquetipo de la Sombra.

Y la Rubedo, que corresponde a la salida del sol y que culmina con la obtención del *Lapis*, la piedra filosofal. No vamos a extendernos aquí en la amplísima simbología a la que todos estos procesos aluden y a la fenomenología psicológica que les está asociada, solamente decir, que corresponden al desarrollo integral de la personalidad humana y a la madurez psicológica hacia la que apunta todo el proceso vital:

> Todo el mundo quiere la paz, y todo el mundo se prepara para la guerra conforme al axioma *Si vis pacem, para bellum,* por citar sólo un ejemplo. La humanidad es impotente frente a la humanidad, y como siempre, los dioses le indican las vías del destino. Hoy llamamos a los dioses «factores», que viene de *facere,* «hacer». Los hacedores están tras el telón de fondo, en el gran teatro del mundo. En lo grande y en lo pequeño. En la consciencia somos nuestros propios amos; aparentemente somos los «factores». Pero si atravesamos la puerta de la sombra, nos damos cuenta horrorizados de que somos objetos de factores. Saber esto es sin lugar a dudas desagradable; porque nada defrauda tanto como el descubrimiento de nuestra insuficiencia. Incluso causa un pánico primitivo, porque la medrosamente aceptada y custodiada supremacía de la consciencia, que es en efecto un secreto del éxito humano, se ve peligrosamente cuestionada. Sin embargo, como la ignorancia no es garantía de seguridad, antes bien acrecienta la inseguridad, será mejor, pese a todos los recelos, saber que estamos amenazados. Si se plantea bien la cuestión, ya se ha resuelto la mitad del problema. En cualquier caso sabemos entonces que el mayor peligro que nos amenaza procede de la imprevisibilidad de la

reacción psíquica. Hay personas sagaces que ya han comprendido hace bastante tiempo que las condiciones exteriores históricas, cualquiera que sea su género, sólo son las ocasiones inmediatas de los verdaderos peligros que amenazan nuestra existencia, a saber, delirantes fantasmagorías político-sociales, que no deben ser entendidas causalmente como necesarias consecuencias de condicionamientos exteriores sino como decisiones de lo inconsciente.

C. G. JUNG

Los arquetipos y lo inconsciente colectivo

Sólo en una cosa te diferencias del genuino gran hombre: el propio gran hombre fue una vez un hombre muy pequeño, pero que desarrolló una única cualidad importante: supo reconocer cuándo pensaba y actuaba con pequeñez y mezquindad. Bajo la presión de alguna tarea que le tocaba el corazón, aprendió a percibir con mayor claridad en qué oportunidades su pequeñez y mezquindad ponían en peligro su suerte. Por tanto, el gran hombre sabe cuándo y cómo es un hombre pequeño. El hombre pequeño no sabe que es pequeño y teme enterarse de ello. Tapa su mezquindad y estrechez con ilusiones de fuerza y de grandeza, de fuerza y de grandeza ajenas.

WILHELM REICH

Escucha, hombrecito, o discurso al hombre común

En el caso que nos ocupa, el cuadro de Navascués, sugiere la escenificación pictórico-simbólica de una paralización agónica del proceso vital, un estado y perspectivas cuando menos preocupante por lo amenazador. Navascués fue el escultor asturiano de mayor prestigio y estuvo muy centrado en lo que constituye lo mejor de su personalísima obra, a la que llamaba «las maderas negras».

A partir de 1976 Navascués renunció a continuar la serie de maderas negras y abrió a la experimentación su trayectoria que, después de algunas obras de transición, se encontró con la serie que denominó «Madera más color». El título mostraba el deseo del artista de prescindir en su obra de la carga de significación que se daba a sus piezas anteriores, y hacer valer en primer término los elementos materiales mismos de la

obra. Además, a través de éstos plasmaba una reflexión sobre la inani-
dad de la separación entre los géneros de la pintura y la escultura pues,
por una parte, estas obras eran objetos de tres dimensiones pero, por
otra, las presentaba colgadas de la pared y les añadía color con tintas
mediante el aerógrafo.

Coleccionable de *La Nueva España*
Oviedo, Editorial Prensa Asturiana, 1996

La norteamericana formada en el C. G. Jung Institute de Zürich, estando el propio Jung aún al frente del mismo, Sallie Nichols, señala
que: «Rechazar la cooperación en el desmembramiento de nuestro ser
[Nigredo] crea un estrechamiento en el flujo vital; lo que lleva a la
muerte espiritual. Según Jung, tal comportamiento puede acabar incluso en la muerte física».

A continuación y al respecto, cita al propio Jung, quien dice:

> Si se rechaza la exigencia de autoconocimiento que es requerida por
> el destino, esta actitud negativa puede acabar en la muerte real. La
> exigencia no se hubiera manifestado en esta persona si no hubiera
> sido capaz de luchar con perspectivas de vencer. Pero se verá atrapa-
> do en un callejón sin salida de donde solamente el autoconocimiento
> podrá ayudarla a salir.

C. G. JUNG
Mysterium Coniunctionis

El cuadro de Navascués es un vivo ejemplo de proyección o exteriorización expresiva de contenidos que corresponden a procesos anímicos
universales o arquetípicos.

En perfecto alineamiento con lo expuesto, referenciamos aquí la
firma de una mujer intervenida de un cáncer que volvió a reproducír-
sele. Al final de la firma se aprecia una rúbrica enmarañada que tiene
forma de espiral centrípeta, de dirección levógira o sinistrógira, esto
es, en sentido contrario a las agujas del reloj.

La firma sugiere la «presencia» o representación gráfica (mental) de
un obstáculo, un «algo» que se encuentra en la zona derecha (futuro),
«doblegando» al primer apellido, precisamente la parte de la firma que
conlleva un mayor peso asociativo respecto de la vida social y profesio-

nal. El nombre utilizado en la firma comporta habitualmente un fuerte condicionamiento pavloviano o clásico vinculado a la infancia-hogar-familia; en casa se nos conoce por nuestro nombre (también por el diminutivo o por un apodo cariñoso); cuando acudimos a la escuela, lo cual constituye una iniciación al mundo social, un salir «afuera», pasamos a ser conocidos y nombrados por el apellido o apellidos, con lo que éstos pasan de ser estímulos neutros que ninguna reacción interna suscitan, a quedar condicionados a la autoimagen y al sentimiento propio (autoestima), y muy especialmente a la imagen de aquello que, de nosotros y gráficamente, ofertamos al mundo, a los demás.

La situación anímica de esta joven muestra de una manera elocuente el peso psicológico que supone la amenaza del cáncer, comprometiendo su futuro, espacialmente representado por la zona derecha del grafismo, allí donde aparece la rúbrica-obstáculo. La imbricación descendente del apellido apunta al «hundimiento» que amenaza su estado anímico, el temor y la depresión que el obstáculo representado por la rúbrica parece simbolizar.

Capítulo 2

LO SIMBÓLICO ARQUETÍPICO
EN EL ESPACIO GRÁFICO

La existencia de las cosas se halla, por tanto, como dibujada
previamente en un sello, cuya figura, impresa en la cera,
«aparece» con mayor o menor nitidez. Hace un momento
era posible, mientras que ahora existe.
ERNST JÜNGER

Una comprensión cabal del lenguaje grafológico pasa necesariamente por entenderse con las representaciones simbólicas a las que estamos predispuestos cuando enfrentamos un determinado contexto espacial como puede ser una página en blanco (en blanco significa aquí vacía de contenido).

La grafología pone de manifiesto que al escribir gesticulamos y hacemos un uso inconsciente de analogías que traducen sentimientos, pautas de comportamiento, estados de ánimo y cualidades cognitivas.

Estas «representaciones colectivas» (Lévy-Bruhl) que es posible reconocer en los fenómenos que tienen lugar en el grafismo, aprioríticas e inconscientes, influyen de manera significativa y determinante en las concepciones que tenemos sobre lo que está «arriba», «abajo», «a la derecha», «a la izquierda», sobre formas y estructuras como el «círculo», el «cuadrado», la «curva» y la «línea recta», lo «ancho» y lo «estrecho», lo «grande» y lo «pequeño», lo «inclinado» y lo «vertical», lo «pesado» y lo «ligero» (presión), lo «unido» (ligado) y lo «desunido» (desligado), lo «ordenado» y lo «desordenado», lo «dinámico» y lo «estático», lo «propio» y lo «impropio», lo «armonioso» y lo «inarmónico», lo «original» y lo «convencional»…

> La expresión *représentations collectives* que emplea Lévy-Bruhl para designar las figuras simbólicas de la cosmovisión primitiva, podría aplicarse también sin dificultad a los contenidos inconscientes, ya que se refiere casi a la misma cosa.
>
> C. G. Jung
> *Arquetipos e inconsciente colectivo*

En realidad, hablamos de lo que el psicólogo suizo Carl Gustav Jung denominó arquetipos. El arquetipo es un constructo hipotético referido a factores innatos, y por tanto heredados, reguladores de las representaciones fundamentales que tienen lugar en el aparato cognitivo humano y de las circunstancias prototípicas a las que nos vemos abocados los seres humanos a lo largo de la vida. El mundo de lo arquetípico resulta accesible mediante el lenguaje de lo simbólico y lo analógico, un verdadero lenguaje natural, arcaico y originario.

> En su famosa recensión crítica de la obra de Skinner Verbal Behaviour, Chomsky [Noam Chomsky] mostraba ya la incapacidad de explicar la adquisición del lenguaje por parte de los niños mediante las leyes asociativas propuestas por los conductistas, sosteniendo ya la necesidad de postular la existencia de importantes componentes innatos. Posteriormente Chomsky propuso la existencia de un mecanismo o dispositivo innato de adquisición del lenguaje (DAL), que estaría impreso en la estructura del cerebro de los seres humanos al nacer, y que llevaría incorporados los diversos lenguajes humanos. Este dispositivo innato, tras la oportuna maduración del sistema nervioso, sería activado por la estimulación lingüística de los adultos, lo que haría que el propio dispositivo seleccionara el tipo de lengua a adquirir. La función, por tanto, de la estimulación lingüística sería únicamente la de activación o desencadenante de un proceso previamente determinado de tipo innato.
>
> […] existe un grupo amplio de investigadores evolutivos que comparten una visión del desarrollo donde se ponen de manifiesto

la importancia de estructuras innatas que posibilitan, determinan y restringen el desarrollo.

Antonio Corral y Pilar Pardo

Lo simbólico arquetípico no depende de las corrientes culturales, es un factor atemporal, una condición preexistente, y el factor que genera las representaciones colectivas que dan lugar a fenómenos culturales diversos, en el arte, el folklore, las concepciones religiosas, los mitos, la literatura, e incluso en las propias teorías científicas. C. G. Jung se refiere al concepto de *arquetipo* en palabras como éstas:

> Los arquetipos son sistemas de aptitud para la acción y, al mismo tiempo, imágenes y emociones. Se heredan con la estructura cerebral —en verdad son su aspecto psíquico—. Por un lado, representan un conservatismo instintivo muy fuerte, y por otro, constituyen el medio más eficaz concebible para la adaptación instintiva... [...] No se [...] trata de ideas heredadas, sino de posibilidades de ideas heredadas. Tampoco son adquisiciones individuales sino, principalmente, comunes a todos, como puede deducirse de su presencia universal. [...] Los arquetipos [...] se presentan como ideas e imágenes, al igual que todo lo que se convierte en contenido consciente. [...] Los arquetipos son, por definición, factores y motivos que ordenan los elementos psíquicos en ciertas imágenes, caracterizadas como arquetípicas, pero de tal forma que sólo se pueden reconocer por los efectos que producen.

Daryl Sharp, en su *Lexicón Jungiano,* de donde han sido extraídas las palabras de Jung citadas anteriormente, puntualiza que el psicólogo suizo «también describió los arquetipos como "imágenes instintivas", las formas que adoptan los instintos. Él ilustró esto usando el símil del espectro». Sharp vuelve a citar a Jung en su definición del constructo de arquetipo:

> El dinamismo del instinto se aloja, por así decirlo, en la parte infrarroja del espectro, mientras que la imagen instintiva reside en la parte ultravioleta... La comprensión y asimilación del instinto nunca ocu-

rre en la parte roja, es decir, por absorción de la esfera instintiva, sino sólo a través de la integración de la imagen que significa y al mismo tiempo evoca el instinto, aunque en una forma bastante diferente de la que se da a nivel biológico.

Significación de las coordenadas simbólico espaciales

[…] el ser normal posee, por instinto, el sentido del simbolismo del espacio, es una noción arquetípica que vive en él.

ANIA TEILLARD
El alma y la escritura

Las representaciones mentales retienen las propiedades de los objetos reales que existen en el mundo físico aunque estas propiedades pueden, a veces, ser diferentes de las propiedades de los objetos del mundo exterior.

SOLEDAD BALLESTEROS
Psicología general, atención y percepción, vol. II.

Pasando a los elementos prácticos del simbolismo espacial y ejemplificables en el diseño gráfico publicitario, deberíamos tener en cuenta algunas consideraciones elementales; cada una de las zonas o cuadrantes en que nos representamos de manera inmediata un contexto espacial, como podría ser una página en blanco, o una estructura gráfica cualquiera, constela o activa representaciones significativas que favorecen, refuerzan o potencian determinados mensajes.

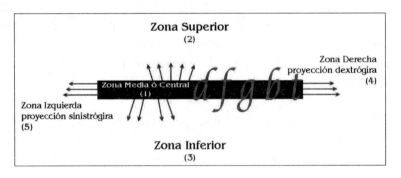

La zona superior está asociada a representaciones que implican la idea arquetípica de «lo que está arriba», es decir, lo luminoso y deseable, lo superior; en el lenguaje coloquial decimos «llegar muy arriba» o por el contrario «caer muy abajo»; «arriba» ubicamos inmediatamente (esto es, inconscientemente) la autoridad y lo relevante, no en vano en la parte superior de nuestra anatomía se encuentra el centro de nuestras capacidades superiores, el cerebro, como parte principal del sistema nervioso central.

El protagonismo gráfico en la zona superior se correlaciona con el dinamismo del intelecto, con representaciones mentales relacionadas con la autoridad, lo creativo e ideativo, la imaginación, los valores colectivos, la espiritualidad…

La zona superior, de cualquier estructura gráfica, letra, espacio gráfico (papel), palabras, firma, dibujos tipo test (árbol, casa, etc.) corresponde al ámbito del espíritu. Es el marco en que se desenvuelve la actividad espiritual tanto consciente como inconsciente. En este sentido, la representación inmediata que suscita esta zona se asocia con la creatividad y la intuición, también con los desarrollos analíticos del intelecto, la autoridad, el poder…

Según Augusto Vels, la zona superior «es también el plano del superyó y del pensamiento abstracto, el plano hacia donde se dirigen las tendencias que no toman contacto directo con la realidad de los sentidos».

Este ejemplo corresponde a una esquizofrénica paranoide que estuvo internada en un centro penitenciario tras asesinar a dos hijos en pleno delirio psicótico. El ejemplo lo muestra Matilde Ras en su libro Grafopatología. Entre otras muchas consideraciones, esta escritura presenta un desbordamiento de la imaginación grafológicamente expresado en los bucles inflados de hampas y jambas. Los óvalos de las «d» y de la «q» están «falsamente» unidos al palote (disociación) y, a mi juicio, un detalle muy significativo respecto de los antecedentes de esta mujer son las hampas de las letras «b» y «l», que, además de estar inflados más de lo debido (actividad desbordada de la fantasía), arrancan no de la zona media como sería de esperar, sino de la propia zona superior, con lo que la desconexión con la realidad (zona media) queda así sugerida grafológicamente. La inclinación axial del grafismo muestra una disposición vital regresiva.

Estas dos imágenes se encuentran direccionadas hacia la zona superior-derecha. La primera presenta un vehículo de la marca Renault que se dirige por una carretera hacia el cuadrante superior derecho. La idea es mostrar el vehículo que transita el «camino» hacia lo óptimo, hacia lo mejor espacialmente representado por la zona superior-derecha.

El rótulo publicitario que muestra la imagen de la tienda de fotografía hace uso del lenguaje grafológico a través de la escritura manuscrita, para comunicar una disposición de ánimo optimista (dirección ascendente), vital, cordial y sociable (las rayitas que cruzan la rúbrica son un elemento típico y habitual que aparece en la rúbrica de personas que tienden a querer agradar y que muestran afabilidad y cordialidad a ultranza en su trato cotidiano), extravertida y abierta a lo nuevo (escritura ancha) y un dinamismo que muestra frescura, animosidad en el trato y naturalidad (escritura rápida, dinámica y muy inclinada, «tumbada»).

Esta firma corresponde al poeta Celso Peiroux. Como, vemos la orientación del grafismo es muy ascendente, con una letra inicial muy dinámica y potente que sirve de impulso para proyectar el resto de las letras del nombre. La proyección ascendente de esta firma señala los intereses del escribiente, ambición y carácter soñador e idealista (firma muy ascendente y sobrealzamiento del hampa de la «l»). Cuando realicé una llamada de teléfono a Celso Peiroux hace unos años, saltó un contestador automático en el que Celso había grabado unas palabras de recepción en un tono melodioso, como recitando; como detalle inicial sonaba una guitarra, tal y como haría un típico trovador. El grafismo está ligado y su inclinación axial es ligeramente invertida (autorreflexión).

Estas dos páginas publicitarias de Mercedes Benz utilizan las coordenadas espaciales de una forma, grafológicamente adecuada, tanto en la ubicación de los elementos, luna, gotas de agua, vehículo, logotipo-anagrama de la empresa-marca y la dirección espacial hacia donde mira el coche (derecha).

Estas dos páginas publicitarias vuelven a hacer hincapié sobre las representaciones que tenemos de lo que está «arriba». El de la izquierda (quinteto) presenta una colección de libros, que se ubica en el margen superior de la página, es decir, en el ámbito espacial del pensamiento, del intelecto. El de la derecha (BASF) muestra unos camellos que caminan hacia la zona superior derecha. También la leyenda o eslogan que figura en la zona superior de la página presenta una dirección ascendente en consonancia con el andar de los animales «una tecnología (futuro) que ya es una realidad».

La zona inferior soporta proyecciones asociadas a las cosas inconscientes, a lo que se halla por debajo del umbral de la consciencia (línea de base de la zona media), a «lo de abajo»; también el lenguaje coloquial recoge este tipo representaciones colectivas correlacionadas con la idea de «abajo», así por ejemplo «caer bajo», «hundirse», «deprimirse»…

Este significado puede ser enriquecido, según la experiencia grafoanalítica, con asociaciones sobre lo terreno y material, lo instintivo e inconsciente, la sexualidad, lo ctónico (las divinidades infernales en la mitología. Infierno = inferior) y lo telúrico, lo biológico. Desde la perspectiva arquetípica sería un ámbito topográfico potencialmente relacionado con el dinamismo de la Sombra, un constructo que Jung relaciona con la parte inconsciente de la personalidad que el individuo tiene dificultades para reconocer e integrar debido a la inmoralidad que le es generalmente inherente.

Dice Augusto Vels que «abarca, además, lo vernacular, el apego al país nativo, a la familia, a los hijos propios, a las costumbres y al idioma».

Si la zona superior muestra el dinamismo de lo consciente y de lo inconsciente arquetípico (de las representaciones colectivas), la zona inferior se relaciona con lo inconsciente instintivo o pulsional.

El inconsciente percibe, tiene intenciones y presentimientos, sentimientos y pensamientos, al igual que el consciente. Nuestra experiencia de la psicopatología y el estudio de la función onírica lo confirman abundantemente. Sólo hay una diferencia esencial entre el funcionamiento consciente y el funcionamiento inconsciente de la psique: el consciente, a pesar de su intensidad y su concentración, es puramente efímero, se acomoda sólo al presente inmediato y a su propia circunstancia; no dispone, por naturaleza, sino de materiales de la experiencia individual, que se extienden apenas a unos pocos decenios. Para el resto de las cosas, su memoria es artificial y se apoya esencialmente en el papel impreso. ¡Qué distinto es el inconsciente! No concentrado ni intenso, sino crepuscular hasta la oscuridad, abarca una extensión inmensa y guarda juntos, de modo paradójico, los elementos más heterogéneos, disponiendo, además, de una masa inconmensurable de percepciones subliminales, del tesoro prodigioso de las estratificaciones depositadas en el transcurso de la vida de los antepasados, quienes, por su sola existencia, contribuyeron a la diferenciación de la especie. [...] La conciencia es, por naturaleza, una especie de capa superficial, de epidermis flotante sobre el inconsciente, que se extiende en las profundidades, como un basto océano de una continuidad perfecta. Kant lo había presentido: para él, el inconsciente es el dominio de las representaciones oscuras que constituyen la mitad de un mundo.

C. G. JUNG
Los complejos y el inconsciente

Pulver, en *El simbolismo de la escritura*, relaciona la asociación arquetípica y atávica de la zona inferior no sólo con lo material e instintivo sino también con la «producción de símbolos colectivos, sueños y estados afines.

Continúa el psicólogo y grafólogo suizo:

Este sentimiento de espacio que llevamos dentro de nosotros es quizá el original y del cual ha nacido más tarde el de tridimensionalidad exterior. Se crea, pues, el primer símbolo intuitivo que todavía no es de orden intelectual. En la originalidad del concepto mítico hay un esquema de la concepción del mundo que hemos elaborado mucho más tarde. [...] El concepto espontáneo de arriba es: el cielo, el sol, el día, fuerza espirituales, la luz. Debajo de esta línea está el reino contrario al lúcido: noche, oscuridad, abismo, profundidad. Es imposible sentir de modo distinto...

Max Pulver
El simbolismo de la escritura

Cabe preguntarse si el sentimiento ingenuo y espontáneo que nos lleva a situar el mal «abajo» no proviene de un mecanismo ancestral de evitación, frente a una potencial regresión evolutiva hacia estadios animales.

El salto evolutivo hacia la condición erguida parece constituir el preludio filogenético que llevaría a que los humanos tengamos...

«El índice de encefalización más alto de todos los mamíferos» ya que «la bipedestación es un rasgo imprescindible para que pueda desarrollarse un encéfalo tan grande como el nuestro: si fuéramos cuadrúpedos no podríamos sujetar la cabeza»

Equipo docente del Departamento de Psicobiología
Facultad de Psicología, UNED, 2001
Fundamentos biológicos de la conducta.

El peligro de regresión hacia pautas de conducta animales podría estar asociado a la reminiscencia atávica de «estar abajo», es decir, de perder la «condición erguida» y las funciones psicológicas a través de ella alcanzadas, volviendo a la posición cuadrúpeda (abajo) y con ella al reino de la inconsciencia y la irracionalidad.

Ése podría ser «nuestro abismo» o infierno, en oposición con la consciencia, la voluntad racional de elegir, asociada en este caso a lo de «arriba», a la posición erguida, que podría representar precisamente el salto evolutivo hacia la consciencia en esa posición que nos «exilia» del suelo y nos emerge hacia «arriba», hacia lo alto.

La cultura, como nuestros sentimientos, es reflejo de nuestra historia evolutiva y está condicionada por ella, cualquier pequeña variación unos miles o millones de años hacia atrás, hubiese conducido posiblemente a un encéfalo distinto, a otro tipo de cultura, a otros valores.

EQUIPO DOCENTE DEL DEPARTAMENTO DE PSICOBIOLOGÍA
Facultad de Psicología UNED, 2001
Fundamentos biológicos de la conducta

Erich Fromm expresa esta experiencia de diferenciación y autoconciencia del ser humano así:

> El hombre está dotado de razón, es vida consciente de sí misma; tiene conciencia de sí mismo, de sus semejantes, de su pasado y de las posibilidades de su futuro. [...] después de haberse vuelto humanos [se refiere al relato bíblico de Adán y Eva] al emanciparse de la originaria armonía animal con la naturaleza, es decir, después de su nacimiento como seres humanos, vieron «que estaban desnudos y tuvieron vergüenza». [...] La conciencia de la separación humana –sin la reunión por el amor– es la fuente de la vergüenza. Es, al mismo tiempo, la fuente de la culpa y de la angustia. [...] Las respuestas [a esta separatidad] dependen, en cierta medida, del grado de individualización del individuo.

ERICH FROMM
El arte de amar

En su obra *Los arquetipos y lo inconsciente colectivo* y en relación a la empíria del proceso de individuación, Jung interpreta los elementos pictóricos de una mujer interesada en la psicología, que trató con él, primero en América y después en Zúrich, y acude a los comentarios de Jacob Böhme sobre las significaciones de lo alto y lo bajo en los cuadros analizados, dice Jung:

> Las citas de Böhme permiten reconocer lo que el rayo significa para él y la importancia que también puede tener en nuestro caso. Especial atención merece sobre todo la última cita: anticipa los motivos fundamentales de los demás cuadros de la señora analizada por mí, por ejemplo, la cruz o, lo que es lo mismo, la cuaternidad, así como también el mandala dividido, que por abajo corresponde prácticamente al infierno, y por arriba al reino luminoso del salitre. En Böhme, la mitad inferior significa «las eternas tinieblas», «que llegan

hasta el mismo fuego», la superior, en cambio, la del salitre, corresponde al tercer principio, al «mundo visible de los elementos, que es un efluvio del mundo primero y distinto».

«También la grafóloga de orientación junguiana Ania Teillard refiere de la zona de abajo lo siguiente»:

[...] desde el punto de vista espiritual, moral o social, representa el abismo. La idea de abajo está llena de representaciones peyorativas o maléficas (un hombre caído bien bajo), de signos de pesimismo, de fatiga, de depresión nerviosa, de decadencia, de caída, de vicio y de crimen (los bajos fondos de la humanidad). La profundidad tiene todavía otro sentido: se habla de una alma profunda, de un espíritu profundo, de un sentimiento profundo. Un descenso en las profundidades puede significar un descenso en su propio inconsciente. Los tesoros ocultos de las leyendas se encuentran en las profundidades de la tierra o del mar.

De acuerdo a Bachofen, la tierra, seno maternal, está inseparablemente unida a todo lo que es procreación y sexualidad.

[...] las consideraciones que preceden no serían más que especulaciones vanas para el grafólogo si la experiencia no lo confirmara. En efecto, las naturalezas activas, atraídas hacia el mundo exterior, que representan el lado derecho, escriben de una forma más dextrógira que las naturalezas pasivas, y los intelectuales tienen, de acuerdo a las observaciones de los grafólogos, una tendencia a desarrollar las hampas más que las naturalezas materialistas. Los extravertidos adoptan, generalmente, una escritura más inclinada hacia la derecha y más extendida que los introvertidos.

Ania Teillard
El alma y la escritura

El rótulo publicitario de este videoclub (Metrópolis), presenta un anagrama extremadamente anguloso, con un protagonismo gráfico evidente a favor de la zona inferior, donde las letras se prolongan más allá de la zona media, que es donde deberían morir. El final de línea está caído, es decir, resulta descendente. El protagonismo superlativo del cuadrante inferior muestra el predominio de la sensualidad y de las tendencias hedonistas. El anagrama tiene, grafológicamente considerado, un aire «agresivo» que podría traducirse como una propensión a los goces «fuertes», la música «dura», las imágenes «intensas».

Se podría decir que lo que el anagrama «proclama» es la condición-actitud requerida para adaptarse y sobrevivir en los suburbios posmodernos de las grandes urbes (véanse los grandes rascacielos que sirven de imagen de fondo, así como el androide que figura en la parte izquierda del rótulo).

Mi amigo y colega Fernando Galli de Mar del Plata nos amplifica referencias sobre esta imagen:

La imagen elegida para el videoclub Metrópolis responde a una copia exacta del cartel para *Metrópolis* de Fritz Lang, Alemania 1926.
Aquí, el art decó entra en la gráfica (diseño: Schulz-Neudamm).

Más allá de que este videoclub simplemente reproduce exactamente los elementos del cartel para Metrópolis, los movimientos artísticos de la segunda década de nuestro siglo y la agitación política que los acompaña (que incluye la Revolución rusa y la Primera Guerra Mundial), generan dramáticos cambios en el diseño gráfico. El dada, de Stijl, duprematismo, cubismo, constructivismo, futurismo y el Bauhaus. Todos estos movimientos «se oponen a las artes decorativas y populares de su tiempo», así como también al estilo gráfico del art nouveau, cuyo vocabulario visual, bajo la influencia del nuevo interés por la geometría, evoluciona hacia lo que conocemos hoy como art decó –que es el estilo que vemos en *Metrópolis*.

Los movimientos de vanguardia mencionados nacieron de un espíritu revisionista evidente en todas las actividades artísticas de la época. La segunda década del siglo muestra no sólo una proliferación de nuevos estilos artísticos, sino también una proliferación de manifiestos y publicaciones, mediante los cuales los artistas, diseñadores, arquitectos y educadores expresaron verbalmente sus posiciones.

El cambio de estilo gráfico que se genera en esos años, responde a una reacción en contra del predominante organicismo y eclecticismo ornamentalista de la época y propone un estilo más desnudo y geométrico.

El anagrama-logotipo de esta tienda de ropa íntima (lencería), muestra un tipo de grafismo muy característico de las firmas que son complementadas por una rúbrica que forma bucles amplios y ondulados en la zona inferior. Este movimiento rubrical es típico de actitudes tendentes a la seducción, la intriga…

Firma de la modelo Paloma Lago y de la actriz Marujita Díaz, las rúbricas de ambas firmas muestran, de manera diferente, naturalmente, un componente envolvente y seductor en su personalidad.

Esta firma del diestro Jesulín de Ubrique. El entramado rubrical y la inclinación de las letras es sintomático del talante apasionado, envolvente y cautivador de la personalidad de este torero.

Firma de Erle Stanley Gardner, el popular abogado y novelista norteamericano creador de Perry Mason. El grafismo muestra a la luz del grafoanálisis una trepidante actividad creativa en la zona de lo intelectual (zona superior) al tiempo que una fuerte capacidad seductora y sugestiva en este nivel. Se dice de él que dictaba más de 10.000 palabras al día.

La rúbrica, en los países de cultura latina, es una reminiscencia colectiva e inconsciente de una costumbre consistente en escribir con tinta roja (de ahí el nombre de rúbrica, *rubrum* = rojo) bajo la firma las palabras *scripsit, firmavit, recognovit* (escrito, firmado, reconocido), como una manera de legitimar la voluntad del yo expresada a través de la firma. Al caer en desuso esta costumbre, la conducta gráfica de rubricar se sumergió en la inconsciencia colectiva en cuanto a su significado, pero se siguió practicando junto con la firma, sirviendo de pretexto a la manifestación de contenidos del psiquismo inconsciente del firmante.

De hecho, a través del estudio grafopsicológico de la rúbrica y más concretamente del complejo firma-rúbrica, es posible advertir las relaciones que se dan entre el yo y su sombra, es decir entre el ámbito psicológico de la consciencia y la dimensión inconsciente de la personalidad. Relaciones a veces positivas, de cooperación e integración y otras de manifiesta hostilidad y conflicto.

Esta firma muestra una relación disarmónica entre el yo y la sombra (su inconsciente). Manifiesta descontento de sí, conflictos no resueltos y poca claridad en cuanto a la pregunta «quien soy». No obstante, el tamaño de la zona media, el ascenso de la línea y el trazado redondeado o curvilíneo traducen una personalidad extravertida, comunicativa y afectuosa, precisada de contacto cotidiano con los demás, probablemente muy habladora y dada a cierta lisonja y adulación.

La firma de la periodista Rosa María Mateos es un buen ejemplo de una relación equilibrada y bien alineada entre el yo y el inconsciente. Esta firma es exponente de equilibrio, salud mental, extraversión y flexibilidad, y de un trasfondo humanista y bondadoso. La rúbrica constituye la aprobación inconsciente y el sentimiento de armonía consigo misma.

El cuadro y la firma son de un jovencísimo (dieciséis años) pintor asturiano, Hugo Fontela, según Favila «un superdotado, un genio». En la firma se aprecia una zona inferior dominante. El grafismo muestra grafológicamente mediante sus jambas prolongadas el dinamismo de un inconsciente intensamente creativo y orgulloso de sí mismo.

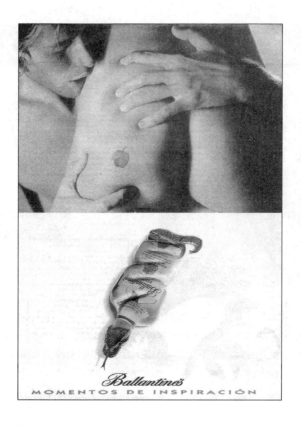

La página publicitaria de Ballantines, presenta una doble imagen grafoló-
gicamente elocuente. La imagen superior corresponde a la representación
mental del deseo mientras que la inferior, la botella trasfigurada en ser-
piente, apunta hacia la región espacial de los instintos y las pulsiones na-
turales, la zona inferior. El anagrama de letras muy inclinadas es análogo
a las escrituras de inclinación tumbada que correlacionan con un carácter
extravertido, ardiente y apasionado.

La zona central o media representa lo nuclear de la caligrafía y por
tanto, el centro o eje de la personalidad consciente, psicológicamente
hablando, el yo. En la escritura, la zona media o central es la zona donde se manifiesta la conducta gráfica propiamente dicha, claramente
análoga a las pautas de conducta habituales del sujeto escribiente. Es
un ámbito gráfico egocéntrico y consciente, donde se pueden representar imágenes que refuercen el protagonismo del yo.

Las portadas de esta revista cuyo nombre es EGO, ponen su acento en resaltar el primer plano de las imágenes; la situación gráfica equivale a aquellas escrituras cuyo factor dominante es el predominio de la zona media y por tanto, la exaltación del ego.

Las connotaciones de significado izquierda-derecha

Nuestras escrituras modernas avanzan de izquierda a derecha en contraste con las escrituras de origen semita, que llevan un sentido contrario, de derecha a izquierda, o perpendicular a la escritura china, que se construye de arriba a abajo. Estas diferentes orientaciones de la marcha escritural que encontramos entre diferentes contextos culturales, conlleva representaciones colectivas asociadas a la *Weltanschauung* (Kuhn) o cosmovisión sobre la que giran y se desarrollaron dichas culturas.

La marcha escritural hacia la izquierda (árabes, hebreos) es propia de culturas con un fuerte componente de religiosidad-tradicionalismo, no sólo en lo individual, sino sobre todo y fundamentalmente en lo social y colectivo. La izquierda del espacio gráfico alberga connotaciones asociadas al pasado, la tradición, la consanguinidad, la interioridad y lo inconsciente colectivo como factor conformador de la vida social y cultural de los pueblos…

> Principalmente, todos lo individuos que componen el alma de una raza se asemejan por los elementos inconscientes y difieren por los elementos conscientes, frutos de la educación pero sobre todo de una herencia excepcional.
>
> Los hombres más diferentes entre sí por su inteligencia tienen, en ocasiones, instintos, pasiones y sentimientos idénticos. En todo aquello que se refiere a sentimientos –religión, política, moral, afectos, antipatías, etc.–, los hombres más eminentes no sobrepasan, sino en raras ocasiones, el nivel de los individuos corrientes. Entre un célebre matemático y su zapatero puede existir un abismo en su rendimiento intelectual, pero desde el punto de vista del carácter y de las creencias, la diferencia es frecuentemente nula o muy reducida.
>
> Ahora bien, estas cualidades generales del carácter, gobernadas por el inconsciente y que poseen en un mismo grado aproximado la mayoría de los individuos normales de una raza, son precisamente aquellas que encontramos, de forma generalizada, en las masas. En el alma colectiva se borran las aptitudes intelectuales de los hombres y, en consecuencia, su individualidad. Lo heterogéneo queda anegado por lo homogéneo y predominan las cualidades inconscientes.

GUSTAVE LE BON
Psicología de las masas

Las estructuras gráficas con protagonismo zonal en la izquierda, y en general los movimientos escriturales sinistrógiros, son dirigidos o redirigidos hacia el yo, y por tanto conllevan asociaciones regresivas, egoístas, narcisistas, egodireccionadas. Por otra parte y visto desde otra perspectiva (nunca debe perderse de vista la variedad de aristas que presenta el lenguaje simbólico), la zona izquierda es el ámbito gráfico-espacial de los comienzos, de la intención, del impulso como fuente originaria de energía para la acción, de los presupuestos motivacionales, de lo precedente y de lo genésico.

Este rótulo publicitario corresponde a un negocio que recicla creativamente materiales de segunda mano para ponerlos de nuevo a la venta. El logotipo es un círculo con flechas en sentido horario, dextrógiro y el anagrama presenta algunas variables que conducen la «idea eje» comercial del negocio: escritura de línea ondulada o serpentina; peso o calibre del trazo de las letras irregular, informal podríamos decir; formas curvilíneas, y como elemento singular y expresivo, en el centro del anagrama las letras «RR» se presentan en «espejo», esto es direccionadas hacia la izquierda.

Una interpretación grafológica de las variables mencionadas alude a determinadas ideas centrales como son la flexibilidad, la adaptabilidad y readaptabilidad, la inestabilidad y permutabilidad de las formas, y expresado a través de la reversión de las «RR», la idea de que se puede «reconvertir» lo pasado.

El círculo es una *imago* tradicional de intemporalidad, en un sentido superlativo de *eternidad* (tiempo indefinido o indefinible). El círculo de dirección dextrógira alude a Cronos, el titán hijo de Urano (el Cielo) y de Gea (la Tierra) que en la mitología representa la noción o representación mental que los humanos tenemos del Tiempo. En el contexto publicitario que nos ocupa, sería una representación de la continuidad de «los materiales» en sus posibles y sucesivas trasformaciones a lo largo del tiempo, es decir, de la idea de reciclar.

En la marcha escritural hacia la derecha, vemos el espíritu «occidental» marcado y configurado por el mito del progreso, del desarrollo tecnológico y lineal. A la derecha del espacio gráfico, «encontramos» el futuro como «idea directriz», la exteriorización y supeditación al objeto, a los factores externos, al tener (el ser está más del lado de la interioridad representada gráficamente a la izquierda), al desarrollo y la expansión de los intereses, del yo individual y de la conciencia colectiva…

La izquierda y derecha del espacio y del sentido escritural son también representaciones de lo interior frente a lo exterior, lo de adentro frente a lo de afuera.

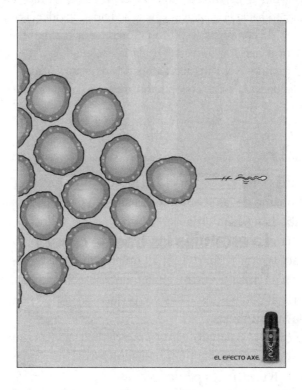

Esta simpática página publicitaria de la marca AXE muestra una persecución de los óvulos al espermatozoide. Naturalmente, se quiere ejemplificar mediante esta analogía que serán las mujeres quienes irán a la captura del hombre si éste usa el desodorante anunciado. El espermatozoide, que normalmente es quien «persigue» o busca al óvulo, «corre» hacia la derecha, esto es, hacia «afuera», y los óvulos que normalmente están «dentro» «salen» tras él.

Ania Teillard se refiere al movimiento gráfico y escritural izquierda-derecha:

> Todo movimiento hacia la izquierda simboliza la vuelta hacia el interior, el pasado, la meditación, o, en un sentido más amplio –y no concretado– hacia la madre. El simbolismo de la derecha y el de la izquierda es arcaico y arquetípico. El simbolismo del lado izquierdo engloba lo que, en todo tiempo, fue considerado como principio femenino: pasividad, receptividad, atracción a la tierra, perseverancia, maternidad, espíritu de conservación, amor, sentimiento. Todo movimiento hacia la derecha expresa actividad, tendencias luchadoras, deseo de conquista, espíritu emprendedor. La derecha expresa la tendencia hacia el porvenir, hacia la sociedad, hacia el prójimo, hacia el mundo. Nosotros acordamos a la derecha y a la izquierda las significaciones de extraversión e introversión con las significaciones que de ello se derivan.
>
> ANIA TEILLARD
> *El alma y la escritura*

Ania Teillard pone en boca del helenista suizo Bachofen citando su libro Simbolismo de las sepulturas las siguientes consideraciones acerca del simbolismo izquierda-derecha: «[…] De todos los tiempos, la izquierda ha expresado el principio pasivo, femenino; la derecha, el principio activo, masculino. […] La pujanza mágica reside en la mano izquierda; la pujanza terrestre, en la mano derecha; la izquierda pertenece al potencial femenino y pasivo, la derecha al potencial masculino y activo de la naturaleza».

Parece que en las civilizaciones matriarcales es la izquierda la que ostenta la superioridad y la preferencia mientras que la derecha predomina en las civilizaciones patriarcales.

De la influencia que Bachofen ejerció sobre Jung, dice el propio Jung: «Él influyó sobre mi comprensión de la naturaleza de los símbolos» (*Encuentros con C. G. Jung*).

Las representaciones colectivas y el correlato simbólico implicado en la direccionalidad de la escritura lo encontramos también entre los chinos que escriben, como se sabe, de arriba abajo. Su civilización milenaria tiene su génesis mítica en la zona superior, en la *región* de donde era oriundo el mítico emperador Fu-Hsi. De este emperador arrancan las crónicas escritas y las concepciones que constituirían los fundamentos de la antigua civilización china.

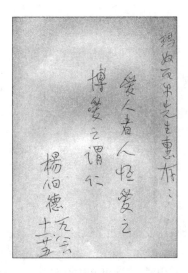

El escrito es una dedicatoria de un libro de Peter Yang, un sacerdote católico de origen chino, en la que el propio autor, profesor en su día de taichí, me escribe en chino «El que hace bien, recibe bien. El amor en el universo es hacer el bien. Manuel, tenga la bondad de guardar este libro». Como se ve, las líneas siguen una progresión vertical.

La filosofía del yin-yang constituye la esencia estructural de un libro que recoge comentarios de los hombres más influyentes de la China tradicional, especialmente los de Confucio; el *I Ching* o *Libro de las mutaciones* es citado por Max Pulver en su libro *El simbolismo de la escritura* en estos términos: «Ya en el libro antiguo chino el *Libro de las transformaciones (I Ching)* la paralela ejecutada de izquierda a derecha significaba la expresión de lo paterno-creador».

El *I Ching* gira en torno a una concepción binaria de base matemática (sistema binario) y de alcance filosófico, que sorprendió e interesó a Leibnitz y a muchos otros filósofos y matemáticos. Se trata de sesenta y cuatro hexagramas originados a partir de las combinaciones de ocho trigramas básicos compuestos por trazos enteros y partidos en todas sus combinaciones posibles (trazos yang o yin respectivamente).

En 1703 Leibniz declara su sorpresa frente a la total coincidencia matemática de la estructura y ordenamiento de los hexagramas del *I Ching* con el sistema numérico binario ideado por él.

D. J. VOGELMANN

Los trazos no partidos (lo creativo, lo yang) corresponden a la protoenergía o energía primaria, luminosa, fuerte, espiritual, activa. [...] La línea partida (lo receptivo, lo yin) corresponde al principio primario umbrío, blando, receptivo del yin. [...] es la perfecta pieza complementaria de lo creativo, su contraparte, no lo opuesto. [...] es la naturaleza frente al espíritu, la tierra frente al cielo, lo espacial frente a lo temporal, lo femenino-maternal frente a lo masculino-paternal.

RICHARD WILHELM

El trigrama de arriba representa lo de afuera (también, las escrituras modernas, tanto las hampas como las jambas son grafológicamente consideradas, letras exteriores, al entenderse la zona media como un ámbito interior, estando la hampas o crestas relacionadas con las facultades psicológicas superiores), el cielo, lo ideal, lo abstracto..., el trigrama de abajo, por su parte, representa la tierra, lo material y lo concreto, y también lo que no está a la vista, lo oculto, lo de adentro.

Como se ve, se trata de concepciones perfectamente homologables con los criterios grafológicos en torno al simbolismo de las zonas gráficas y que los grafólogos refrendamos en el ejercicio grafoanalítico cotidiano. Las interpretaciones asociadas a las imágenes de los hexagramas en el *Libro de las mutaciones (I Ching)* ponen de manifiesto, una vez más, la universalidad del lenguaje simbólico.

El comienzo de todas las cosas reside todavía, por así decirlo, en el más allá, en forma de ideas (zona superior) que aún deben llegar a realizarse. [...] Lo creativo (lo que está arriba) es el cielo, es redondo, es el príncipe, es el padre, es la piedra nefrítica (el jade), es el metal, es el frío, es el hielo.

I Ching, traducción de Richard Wilhelm prologado
por C. G. Jung (un libro muy recomendable de leer).

En este cartel publicitario de la Navidad del 2002, El Corte Inglés ejemplifica con acierto y sencillez este sentido simbólico y significativo de la dirección izquierda-derecha; la caravana navideña de los Reyes Magos proviene del cuadrante izquierdo del contexto espacial del cartel publicitario, es decir, vienen del pasado, del ámbito de las representaciones tradicionales y «caminan» en la misma dirección de la escritura, tanto del eslogan publicitario como de las letras que componen el anagrama de El Corte Inglés.

El niño, mira ilusionado hacia delante y hacia «arriba». El logotipo de El Corte Inglés, que más adelante analizaremos en detalle, muestra asimismo esta direccionalidad dextrógira a través del vértice más anguloso de su forma triangular.

Este cartel sitúa a una mujer actual entre el pasado (izquierda) y el futuro (derecha). La izquierda-pasado (desde la óptica del lector) está representada por un vehículo antiguo frente a la derecha-futuro donde vemos un automóvil de estilo moderno.

Este otro cartel figuraba en la cristalera de una entidad bancaria. Hace uso del sentido o dirección (progresión) «incongruente» que presenta la escritura «en espejo» en la palabra «Futuro» con la finalidad de capturar la atención y motivar la entrada al establecimiento. Es «como si» el futuro (zona derecha) viniese a nuestro encuentro para hacernos reflexionar sobre la necesidad de plantearse un plan de pensiones.

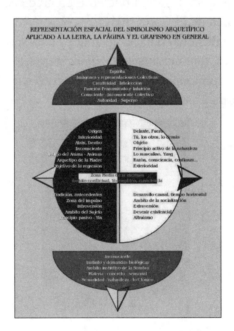

Algunas de las connotaciones simbólicas que se hallan asociadas en las distintas zonas y direcciones gráficas.

Capítulo 3

LA CONSPIRACIÓN DE LAS FORMAS
Forma, dimensiones, inclinación axial

El modelo es más fuerte que la copia. El mito es más
fuerte que la historia; ésta lo repite en variantes.
ERNST JÜNGER

Grafológicamente considerada, la forma constituye el atuendo o ropaje apariencial del escribiente. Vendría a representar por analogía y afinidad el sistema de valores y códigos sociales que el sujeto asume así como los roles y «formas» con las que se identifica.

Una institución o empresa puede ser contemplada como si de una «personalidad colectiva» se tratase. Sus aspectos idiosincrásicos, la configuración característica que la define es su *imagen conductora* o *gestalt,* su espíritu diferenciado, podríamos decir. Éste, si bien es la resultante de la combinatoria específica y única de los elementos que la componen, es algo más que el sumatorio de todos ellos. En cierta manera, cada individualidad encierra un misterio esencial, un sello o impronta que lo hace único.

En las escrituras manuscritas, esta identidad única adquiere vida en la medida en que evoluciona hacia sí misma la caligrafía (hacia ser ella misma) adquiriendo expresividad, diferenciación y vivacidad. Todo ello es definido por el caracterólogo alemán L. Klages mediante su, fundamental grafológicamente hablando, concepto de *formniveau (form = gestalt; niveau* = nivel) que, de alguna manera, se refiere al grado de diferenciación positiva o *individuación,* en el sentido junguiano, de una escritura. En su

77

Lexicon junguiano, Daryl Sharp define la individuación como el «proceso de diferenciación psicológica, cuya meta es el desarrollo de la personalidad individual. […] La individuación es un proceso moldeado por el ideal arquetípico de totalidad, que a su vez depende de la relación vital entre ego e inconsciente. El objetivo no es dominar la psicología personal, llegar a ser perfecto, sino familiarizarse con ella. Así, la individuación implica una creciente percepción de nuestra realidad psicológica única, incluyendo fortalezas y limitaciones personales, y al mismo tiempo una apreciación más profunda de la humanidad en general».

Entre las citas a Jung que Sharp incluye en su definición están estas dos que transcribimos a continuación. Jung habla de la individuación en general como «el proceso mediante el cual se forman y diferencian los seres individuales; en particular, es el desarrollo del individuo psicológico como un ser distinto de la psicología colectiva general […] El objetivo de la individuación es nada menos que despojar al sí-mismo de los falsos atuendos de la persona, por una parte, y del poder sugerente de las imágenes primordiales, por otra».

Al aspecto formal o apariencial más inmediato en las escrituras manuscritas, tipografías, anagramas o logotipos contribuye especialmente el aspecto dimensional, las variables diferenciales del tamaño, del tamaño relativo –zona media– y del absoluto –amplitud total–; la anchura o estrechez; el sobrealzamiento de la zona media; la progresión creciente o decreciente (gladiolada), así como la inclinación axial de las letras o ejes esenciales del grafismo.

Por otra parte, la cualidad esencial de las formas está imbricada de forma inequívoca en el espíritu de la época o *zeitgeist* (Goethe). Así, las formas complicadas, ornamentadas, pretenciosas, «engoladas», han dado paso, en general aunque con excepciones, a una mayor simplificación y sencillez, más acorde con un talante social general más tolerante y permisivo, más natural y centrado en lo esencial.

Grafológicamente consideradas, las formas complicadas u ornamentadas son la expresión gráfica concomitante de sujetos de actitudes ceremoniales, presuntuosas. A través de la forma, estos sujetos buscan, consciente o inconscientemente, vender una imagen, una idea de sí mismos, a menudo compensando un evidente *sentimiento de inferioridad* (Adler) («dime de qué presumes y te diré de qué careces» reza el refrán).

Podemos considerar la forma como el parámetro donde existe mayor deliberación, mayor intencionalidad; para Augusto Vels, es por tanto el género gráfico donde más consciencia se halla implicada en la elaboración de la onda gráfica al escribir.

La forma es asimismo una *máscara* en el sentido clásico. La máscara en la época clásica era utilizada en el teatro para escenificar a los personajes así como el estado de ánimo que debía caracterizarlos. De ahí deriva el término que utilizamos cotidianamente para referirnos al individuo como *persona*. Por tanto, la *persona* es el ropaje actitudinal mediante el cual el individuo adopta un rol social determinado.

> Cuando analizamos a la persona disolvemos la máscara y descubrimos que lo que parecía individual era, en fondo, algo colectivo, o, en otras palabras, que la persona no era sino la máscara de la psique colectiva. En el fondo, la persona no es algo «real». Constituye un compromiso entre individuo y sociedad acerca de «lo que uno parece». Uno asume un nombre, adquiere un título, representa una función, es esto o aquello. Lo cual, naturalmente, en cierto sentido es real, pero en relación con la individualidad del sujeto sólo como una realidad secundaria, una mera configuración de compromiso en que muchas veces participan aún más otros que uno. La persona es una apariencia; una realidad, podría jocosamente decirse, bidimensional. Pero sería inexacto dejar la cosa expuesta de este modo, sin reconocer igualmente que en la peculiar elección y definición de la persona hay ya algo de individual, y que, pese a la exclusiva identificación de la conciencia del yo con la persona, el sí-mismo inconsciente, la auténtica individualidad, está presente ahí, y, si no directamente, sí se hace indirectamente perceptible. Aunque la conciencia del yo es en primera instancia idéntica a la persona –esa figura de compromiso con que uno aparece ante la colectividad y a la medida de la cual desempeña un papel– el sí-mismo inconsciente no puede ser reprimido hasta el punto de hacérselo imperceptible...
>
> C. G. Jung
> *Las relaciones entre el yo y el inconsciente*

En el siglo I antes de Cristo, Cicerón describe y define la persona como aquel «conjunto de cualidades que hacen a un ser humano apto para el trabajo que debe realizar».

Friedrich Nietzsche sentenciaría mucho más tarde: «Lo que es un individuo empieza a quedar descubierto cuando declina su talento, cuando deja de demostrar lo que "sabe" hacer. El talento es también un adorno; y un adorno es también una máscara».

Más allá de dicho ropaje, máscara o atuendo psicológico está el yo y, en última instancia, lo que Jung denominó el sí-mismo, el verdadero rostro del sujeto, aquella imagen sorprendente que aparece en los *espejos de la verdad* de los cuentos y leyendas tradicionales, en virtud de la cual, el impostor revela su fealdad y el humilde su realeza. En su obra *Arquetipos e inconsciente colectivo* Jung señala:

> […] quien mira en el espejo del agua, ve ante todo su propia imagen. El que va hacia sí mismo corre el riesgo de encontrarse consigo mismo. El espejo no favorece, muestra con fidelidad la figura que en él se mira, nos hace ver ese rostro que nunca mostramos al mundo, porque lo cubrimos con la persona, la máscara del actor. Pero el espejo está detrás de la máscara y muestra el verdadero rostro. Ésa es la primera prueba de coraje en el camino interior; una prueba que basta para asustar a la mayoría, pues el encuentro consigo mismo es una de las cosas más desagradables y el hombre lo evita en tanto puede proyectar todo lo negativo sobre su mundo circundante.

Dibujo realizado por Wilhelm Reich y que ilustra un pasaje de su obra póstuma Escucha, hombrecito, *o discurso al hombre común con el comentario a pie de dibujo* «Eres brutal, detrás de tu máscara de sociabilidad y simpatía».

La uniformidad de los vestuarios de azafatas, personal de supermercados, policía, determinados sectores religiosos, personal sanitario, tribus urbanas y un largo etcétera, define la *máscara* o *personalidad grupal* que se pretende promover y que debe ser socialmente exhibida; dicha máscara debe manifestar la actitud y el talante más acorde con los valores y características con los que se halle identificado dicho colectivo.

El prejuicio que subyace a las formas sociales predominantes en los diferentes contextos socio-culturales a lo largo del tiempo y la geografía de nuestro mundo, siempre evoca en mí aquel pasaje del célebre *El Principito* de Antoine de Saint-Exupéry en el que un astrónomo turco, a quien se debe, según el autor, el descubrimiento del asteroide B 612 de donde provenía el principito, presenta las coordenadas de su descubrimiento en un congreso internacional de astronomía sin ser atendido su meritorio hallazgo debido al atuendo con el que éste se presenta, a la vieja usanza tradicional. Al año siguiente, su exposición científica fue debidamente atendida al presentarse trajeado al estilo occidental. Saint-Exupéry relata este pedagógico ejemplo así:

Tengo serias razones para creer que el planeta de donde venía el principito es el asteroide B 612. Este asteroide ha sido visto una vez con el telescopio, en 1909, por un astrónomo turco. El astrónomo hizo, entonces, una gran demostración de su descubrimiento en un congreso internacional de astronomía. Pero nadie le creyó por culpa de su vestido. Las personas grandes (mayores) son así. Felizmente para la reputación del asteroide B 612, un dictador turco obligó a su pueblo, bajo pena de muerte, a vestirse a la europea. El astrónomo repitió su demostración en 1920, con un traje muy elegante. Y esta vez todo el mundo compartió su opinión.

Las distintas variables grafológicas del tamaño ejercerán también una clara y decisiva influencia sobre el aspecto inmediato de un grafismo. Especialmente el sobrealzamiento de la zona media, el sobrealzamiento de la letra inicial, la zona media decreciente o gladiolada y la anchura-estrechez.

El tamaño, se concibe, en general, como una representación espontánea del sentimiento e imagen que la persona tiene de sí misma. Lo «grande» y lo «pequeño» tienen connotaciones de significado asociadas a lo «superior» e «inferior» respectivamente. Así, lo grande y lo ancho se oponen a lo pequeño y lo estrecho. «Vivir a lo grande» es lo opuesto a «vivir con estrechez». También decíamos de Gandhi que era un gran hombre, un *mahatma* (alma grande)…

El fenómeno grafológico dimensional del sobrealzamiento resulta siempre renovadamente sorprendente; este gesto es claramente análogo al estiramiento del gato cuando debe aparentar superioridad con fines disuasorios, se «estira hacia arriba». Las escrituras manuscritas se sobrealzan cuando el escribiente se siente distinguido, importante y diferente o bien cuando el orgullo, el amor propio e incluso la prepotencia son sentimientos dominantes en él.

El siguiente cartel publicitario del Ministerio español de Educación, Cultura y Deportes utiliza esta variable grafológica con el fin de destacar la importancia que sobre la autoestima y el desarrollo de la personalidad tiene la formación.

En este ejemplo vemos que se utiliza el adverbio «Más» («Más formación», «Más profesional») con la idea de comparativo de superioridad.

El mensaje que se deriva del encabezamiento «Formación profesional. UN VALOR EN ALZA» alude a la creciente valoración social que proporciona una formación profesional adecuada.

Grafológicamente contemplado, se está empleando la tradicional exaltación del mensaje (de su dimensión semántica) a través del uso de mayúsculas en «UN VALOR EN ALZA». En realidad, este recurso constituye un sobrealzamiento de las letras con el fin de incrementar su valor emocional.

Ahora bien, lo más notable de este mensaje publicitario es el tratamiento sobrealzado que se hace de las imágenes en perfecto acoplamiento con la idea que se trata de trasmitir. Este sobrealzamiento de las imágenes no sólo estiliza los personajes que las protagonizan, sino que les otorga una dignidad trasfigurada.

Parafraseando el mensaje publicitario de este cartel, podríamos decir «Si Usted adquiere *más* formación y se hace *más* profesional será una persona estimada, valorada socialmente y se sentirá útil e importante…».

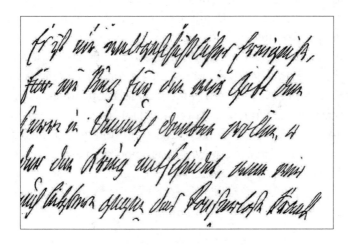

La escritura del primer canciller del segundo Imperio alemán Otto von Bismarck (1815-1898) presenta un grafismo dinamógeno, rítmico, y con un sobrealzamiento característico de la zona media que revela la fortaleza, orgullo y ambición de poder con la que se identifica su «yo» y que define su perfil de hombre de Estado.

La librería ovetense Cervantes presenta en el anagrama de su rótulo publicitario un doble «malabar» creativo cuya lectura grafológica, el caso de las letras de «desván» es el de una escritura según el tamaño desigual y en conjunto creciente (lo contrario de gladiolada), cuya interpretación resulta evidente: se pretender transmitir la idea de informalidad, «aquí hay un poco de todo» (como en un desván). Cerca de este establecimiento está la librería Cervantes central, más grande y moderna y cuyo interior es más formal.

El anagrama de la librería que vemos a la derecha de «desván» presenta una tipografía vertical, sobrealzada y con un sobrelevamiento de las letras centrales. Este signo, a menudo relacionado en las escrituras manuscritas justamente con el orgullo y la soberbia, es también, en un contexto armonioso y moderado, una expresión gestual de distinción y enaltecimiento. Tanto las mayúsculas como zona única, como el centro de la palabra que está además en este caso sobrealzado, corresponden a representaciones relacionadas con el «yo», en este caso, con el yo de la empresa, con su «personalidad».

BRAun

El anagrama de la marca alemana Braun hace gala del sobrealzamiento autoensalzante de la letra que figura en el centro de la palabra.

Este anuncio publicitario, aderezado con un titular cuya caligrafía se halla afectada por una enmarañada madeja de trazos iniciales enroscados, pone de manifiesto un talante envolvente y seductor al tiempo que narcisista. Una escenificación disposicional y conductual que no se caracteriza precisamente por la sencillez y la naturalidad.

Si consideramos las palabras como representación gráfica de los pensamientos, ideas, sentimientos, etc., los trazos iniciales constituyen una analogía de la carga de intencionalidad y elaboración con que cuenta la conducta de la persona. Así, los trazos iniciales largos y cuya procedencia espacial proviene de la zona inferior son sintomáticos de personas reflexivas y calculadoras, de conducta repensada y a menudo constituyen un exponente grafológico de pragmatismo e inclinaciones materialistas.

En el ejemplo propuesto (el módulo publicitario) observamos un espectacular despliegue inicial del trazado previo a la estructura básica de la letra que parece buscar impactar el ánimo ingenuo del potencial cliente, conectar con su emotividad arcaica o primitiva mediante imágenes sugestivas.

Esta aureola de seducción (atracción) que acompaña a las mancias debe su efectividad a los sentimientos numinosos que despiertan o activan debido al componente arquetípico que en la psique inconsciente colectiva tienen los magos, brujas, videntes y en general cuantos personajes «encarnan» un nexo mediador con el ámbito de lo sobrenatural. El misterio que envuelve la actuación mántica dota al vidente de una «autoridad» incuestionable que se impone, intensa y espontáneamente al sujeto ingenuo amordazando su capacidad crítica, a menudo con una facilidad sorprendente.

Esta firma comercial hace uso de un trazado inicial muy largo, envolvente y enmarañado, grafológicamente interpretable como de una táctica de acercamiento a los demás seductora y grandilocuente. El trazo final regresivo es un signo que tradicionalmente se asocia a las actitudes egoístas y al acaparamiento.

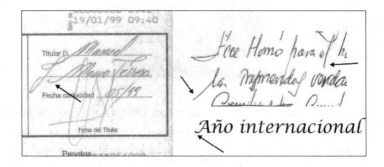

Trazos iniciales y finales. Los trazos iniciales son expresión de la intención, del deseo, de los presupuestos motivacionales que justifican la conducta; los trazos finales son un modo de expresión gráfica del encuentro con los objetivos y metas, del estilo relación y contacto con los demás.

Aquí vemos una firma de gran enjundia en cuanto a movimientos rubricales envolventes. Pertenece a un vendedor de antigüedades y muestra grafológicamente su capacidad para el encantamiento y seducción de sus clientes (en el buen sentido de la palabra). La oratoria parece estar bien desarrollada a juzgar por los hiperligamientos, el dinamismo de la zona superior, la condición gladiolada de las palabras y el sobrealzamiento de las hampas.

En general, las formas clásicas conllevan ornamentaciones hijas de su tiempo. Las tipografías modélicas y caligráficas suelen ser las preferidas en los rótulos de los negocios con algunos años de solera. Manifiestan la afinidad, gusto e identificación con los valores tradicionales. La escritura, al igual que otras manifestaciones conductuales y presupuestos ideológicos (valores), es hija de su tiempo y por tanto está intensamente imbuida por lo que Goethe denominó «el espíritu de la época» (*zeitgeist*). Esto quiere decir que los valores predominantes en un momento o intervalo histórico dado tienen su expresión gestual concomitante en la escritura, sobre todo, a partir de los modelos o patrones caligráficos de donde se parte hacia la individualización inevitable de la escritura por parte de cada sujeto.

Francisco Viñals y M.ª Luz Puente en *Psicodiagnóstico por la escritura* señalan:

La caligrafía es el modelo por el que nos regimos cuando aprendemos a escribir. La persona que se queda en el modelo renunciará a la originalidad de otros conceptos sacrificando parte de su inteligencia para descansar en la tranquilidad de «cumplir con las directrices impuestas». La escritura caligráfica es propia del que ha asumido el guión (Análisis Transaccional) y no se rebela, por el contrario lo defiende, y si es preciso lo impone.

Al respecto, también Ania Teillard en su libro *El Alma y la escritura* escribe:

El contacto estrecho del individuo con la psiquis colectiva es un hecho de importancia para el grafólogo, que, en su búsqueda de particularidades individuales, encuentra, a menudo, la expresión de la vida colectiva. El personaje exterior y convencional, que llamamos «Persona», resulta de la conjugación de dos elementos: la persona que juega el papel y el que la colectividad le ha proporcionado. Un hombre se hace general o cartero porque la sociedad ha creado esas actividades; pero desgracia para él si no juega el juego; la sociedad se vengará. […] El grafólogo que acaba de leer estas líneas ya se ha dado cuenta de la clase de escritura que nosotros podríamos llamar «Persona». La escritura del Sagrado Corazón, tan frecuente en otros tiempos entre las mujeres de la alta sociedad, nos proporciona muchos ejemplos, así como la caligrafía oficial y ciertas escrituras comerciales.

Esas escrituras son las más difíciles de analizar, justamente a causa de su carácter imitativo. La individualidad está oculta tras las apariencias, a veces ahogada o inexistente.

El grafólogo encargado de elegir la mejor secretaria entre una veintena de estenodactilógrafas está a veces más turbado que cuando se trata de elegir jardinero u obrero. Puede estar, en efecto, menos incómodo de analizar escrituras apenas organizadas que detectar los trazos individuales partiendo de escrituras uniformadas por una profesión o un estado.

Finalmente citamos a C. G. Jung, quien en su autobiografía *Recuerdos, sueños, pensamientos* define el concepto de «Persona» como:

> Aquel sistema de adaptación o aquel modo con el cual entramos en relación con el mundo. Así casi toda profesión tiene una persona característica... El peligro está sólo en que se identifique uno con la persona, como por ejemplo el profesor con su manual o el tenor con su voz... Se podría decir con cierta exageración: la persona es aquello que no es propiamente de uno, sino lo que uno y la demás gente creen que es. [...] Originariamente, la máscara que entre los antiguos llevaba el actor.

Así, vemos cómo las formas ornamentadas y complicadas, entre otros rasgos característicos de las escrituras decimonónicas, forman parte de un contexto sociocultural donde prima la manifestación exterior de la persona, donde es preciso no sólo «ser», sino también «parecer», por así decir. La personalidad colectiva prototipo de esta época se evidencia en la escritura por la afectación y protagonismo de la «forma» (uno de los ocho géneros gráficos clásicos) en contraste con la tendencia a una mayor sencillez y simplificación de las escrituras actuales, al menos en los sujetos en que se da un mayor índice de individuación e independencia.

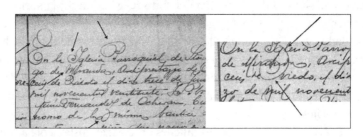

Escritura de don Joaquín Fernández Ocharán, párroco de Miranda de Avilés durante el año 1927. La carta está fechada el 13 de junio de 1927. Se trata de una escritura excesivamente ornamentada, complicada, confusa, lenta, barras «t» dextrógiras, extensas, finales de la «l», la «m» descendentes, jambas muy bucladas y muy profundas, espirales, óvalos espiralados y muy grandes. Los signos grafológicos que se aprecian en esta escritura corresponden a una personalidad que gusta de la pompa, el lenguaje y las formas grandilocuentes, y los recursos verbales rebuscados. Esta caligrafía podría denotar cierta afectación.

Los enroscamientos y espirales son vistos tradicionalmente por los grafó-logos como expresiones de narcisismo y autocomplacencia.

En este rótulo publicitario vemos una profesión tradicional, la de relo-jero, anunciada mediante letras iniciales ornamentadas. Las letras ex-cesivamente adornadas corresponden grafológicamente a una actitud que se caracteriza en el trato con los demás por «formas» tradicionales (de conducta): cortesía, cordialidad y amabilidad a ultranza, etc. La letra inicial del nombre soporta habitualmente proyecciones emocio-nalmente condicionadas al sentimiento de sí, a la autoestima, la propia dignidad personal y al despliegue (alarde) que hacemos de nuestros sentimientos frente a los demás. (Antiguamente las letras iniciales se resaltaban con *minio* –óxido de plomo, de color rojo– y este detalle dio justificación léxica al concepto de *manuscritos miniados*).

Este escaparate es de una joyería que utiliza el formato de las mayúsculas, con adornos (ornamentación), y con un especial énfasis en los trazos finales, que, en el caso de las letras «U» y «N» ascienden de manera notable finalizando el trazo de estas letras con un punto o voluta; también el trazo final, a modo de rúbrica, desciende con dirección sinistrógira tras hacer un doble bucle. La dirección u orientación espacial de las líneas es ascendente.

Los trazos finales ascendentes de estas letras pretenden «elevar» y magnificar la imagen del comercio. La zona superior, como hemos visto, constela representaciones relacionadas con el ideal así como con «lo óptimo». Esta interpretación estaría refrendada en el caso presente por una dirección de líneas ascendente cuya significación es análoga a lo ya dicho, buena disposición de ánimo, optimismo, vitalidad…

A veces, los trazos finales prolongados de dirección ascendente muestran una actitud de fuga de la realidad, una fuga hacia el reino de la fantasía y la ensoñación. Sergio, cuyo grafismo mostramos a continuación, es un muchacho de once años con problemas psicológicos, y cuyos profesores se pusieron en contacto conmigo buscando una valoración grafopsicológica de su escritura y de algunos de los dibujos que hacía.

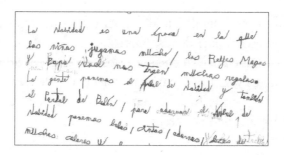

Como se ve, esta escritura presenta una dirección de líneas descendente (signo de depresión y desaliento), con una presión excesiva de los signos de puntuación (que rasga hasta romper el papel) muy repasados y agrandados, y, entre otros detalles, unos trazos finales muy ascendentes, notablemente altos.

Este niño muestra una hostilidad intensa hacia la autoridad y una persistente tendencia a evadirse de la realidad, de lo cotidiano; una realidad cotidiana que, como ya se ha dicho, se halla representada, fundamentalmente, por la zona media. El componente obsesivo se aprecia en los retoques, los cegados y en la crispación que evidencia una presión tan intensa y anormal.

Los trazos finales excesivamente prolongados y ascendentes son atribuibles, a sujetos mitómanos (la mitomanía consiste en una tendencia a decir mentiras y a fabular con la realidad).

Éste es uno de los dibujos de Sergio. Los dibujos infantiles son manifestaciones inocentes de contenidos y procesos psicológicos inconscientes. El dibujo muestra la crispación y la rabia proyectada a través de la presentación de los dientes (un gesto ancestral de origen filogenético que expresa emociones de agresividad). El árbol, imagen arquetípica del sí-mismo, está llorando, en perfecta concordancia simbólica con el vuelo descendente de los pájaros.

Las ramas tienen extremos angulosos con la carga proyectivo-grafológica de agresividad e inadaptación, así como de estrategias defensivas que sugiere y que en un contexto desfavorable este elemento (la angulosidad) pone de manifiesto.

Uso arbitrario de las mayúsculas

La dignidad de las letras mayúsculas estaría garantizada por una cultura en la que dicho formato se ha reservado tradicionalmente para exaltar y subrayar el carácter único de los nombres propios. Si bien el uso sistemático de mayúsculas constituye paradójicamente una despersonalización por exceso o abuso de este formato.

Hoy en día, se tiende a menudo a entremezclar mayúsculas y minúsculas en el seno de las palabras por parte de muchos diseñadores y publicitarios. Desde la óptica grafológica, la interversión mayúsculas-minúsculas es un fenómeno espontáneo sintomático de introducir un elemento de impostura, de incoherencia interna, a menudo de conflicto neurótico en el que el inconsciente «se asoma» reivindicativo y opuesto a la unilateralidad de la postura consciente del yo.

Si es únicamente la letra «R» mayúscula la que aparece entre las palabras junto a las demás letras minúsculas, se suele interpretar como un reclamo o llamada de atención de índole afectiva. Se le denomina «pequeño Rey». También es un indicador grafológico de impostura y falsedad.

En los ejemplos que siguen, y desde un punto de vista ortográfico, se puede observar el uso indebido o incorrecto de las mayúsculas.

La finalidad de este anagrama parece ser la de darle un «aire» de jovialidad e informalidad moderna al estilo con el que se pretende identificar esta peluquería. Los cortes de pelo y los peinados creativos que se
estilan hoy en día, así como el componente de moderada e inofensiva
provocación social que tiene la informalidad de dichos estilos, son el
soporte correlacional que «justifica» y explica este tipo de formato
escritural. En cierta manera se trata de una subversión de los valores
tradicionales o clásicos.

> La actitud racional que nos permite declarar como válidos los va-
> lores objetivos, no es obra del sujeto individual, sino producto de
> la historia humana. La mayoría de los valores objetivos –y la razón
> misma– son complejos de ideas firmemente establecidos trasmitidos
> a través de las épocas. Innumerables generaciones han trabajado en
> su organización con la misma necesidad con que un organismo vivo
> reacciona frente a las típicas condiciones ambientales constantemen-
> te cíclicas, confrontándolas con los correspondientes complejos fun-
> cionales, así como el ojo, por ejemplo, se adapta perfectamente a la
> naturaleza de la luz… De esta manera, las leyes de la razón son las
> que determinan y dirigen la actitud adaptada promedio y «correcta».
> Todo lo que concuerda con estas leyes es «racional», todo lo que las
> contraviene es «irracional.
>
> C. G. Jung

El ejemplo que exponemos a continuación, aunque dramático, sirve para ejemplificar el caos y la psicosis latente, en un joven universitario brasileño que habría de desembocar en el asesinato de su propia madre.

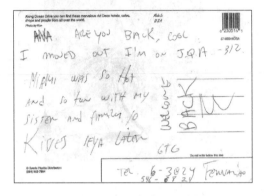

El correlato grafonómico de la escritura de esta postal enviada por Fernandao a Anna es el de un grafismo inarmónico (falto de euritmia), con un *formniveau* bajo (expresividad e individuación desencaminada); el conjunto de esta escritura presenta irregularidades en casi todos sus parámetros: ambivalencia de inclinación, líneas sinuosas (desequilibrio e inestabilidad), interversión mayúsculas-minúsculas en las palabras (mezcla de ambos formatos sin regla alguna), tamaño relativo desigual, tensión blanda, rasgos acerados, presión superficial, desligada o yuxtapuesta, escritura espaciada, desordenada…

Las variables dominantes (protagonistas) de esta escritura son la escritura espaciada, las desigualdades o irregularidades múltiples y la sinuosidad de las líneas.

Efectivamente, desde la hermenéutica grafológica, la escritura de Fernandao evidencia una personalidad inestable, un conflicto anímico intenso y una personalidad desestructurada o al menos, potencialmente desestructurable. Hay signos, como el espaciamiento excesivo y la falta de cohesión e integración del conjunto escritural, que denotan aislamiento, angustia íntima y falta de ubicación e integración social.

A continuación trascribo la información que me proporcionó Carmen Fernández, amiga de Anna, sobre la postal de Miami; Carmen fue una alumna mía de Grafología en Asturias recién terminada la carrera de Derecho.

Fernandao nació en Brasil en 1978 pero pronto se trasladó con su familia a Miami (Florida) donde cursó sus estudios, no era mal estudiante así es que ingresó en UMASS (Universidad de Massachusetts), allí hizo grandes amigos, entre los que se encontraba Anna (la chica a quien va dirigida la postal), decía Fernandao que con ellos disfrutó de los mejores momentos de su vida, incluso decía que allí había encontrado a su gran amor «María», una chica española que tenía una beca como lectora de español en la misma universidad, y a quien Fernandao, consciente de que no era correspondido, ocultó sus sentimientos hasta el momento de su marcha a otra universidad, sólo entonces confesó y pidió a la chica un único favor, que le permitiese cartearse con ella, a lo que ella accedió porque Fernandao era un «buen chico».

Apenas cinco meses más tarde de su traslado a la otra universidad (junio del 2000) el contacto con Fernandao cesa y es entonces cuando sus amigos se enteran por casualidad leyendo un periódico que había matado a su madre en una de sus visitas a casa. Le había inyectado tranquilizante de caballos (Fernandao es un gran aficionado y entendido de la hípica) para posteriormente degollarla y con el mismo útil hacerle cortes en manos y pies, acto seguido la tendió en el suelo con los brazos extendidos haciendo cruz.

Parece que quisiese recrear en su madre la imagen de Cristo crucificado, dicen que últimamente hablaba mucho de Dios, dicen que el cambio a la nueva universidad lo había trastornado porque allí no encontró verdaderos amigos, sino un grupo de mentecatos cuya principal diversión era tomar alucinógenos, dicen que estaba preocupado por el sufrimiento de su madre recientemente separada del padre de Fernandao... Nadie sabrá nunca qué pasó por su cabeza para cometer tal salvajada, ni él mismo, que aún no es muy consciente de lo que ha hecho, y que permanece recluso en un centro psiquiátrico de Florida en espera de una sentencia que podría ser la condena de muerte.

Anna, una de sus amigas y de quien proviene esta información, dice que todavía no se lo puede creer, que compartió con él muchos cafés y muchas fiestas y muchas juergas, que era una persona alegre, extrovertida, hasta un punto inocente..., con defectos normales que podemos tener cualquiera, como que era tremendamente desordenado. Le decían en tono cariñoso que era el «loco» del grupo… Y ahora serán llamados a testificar y no saben qué tienen que decir, porque ellos no identifican al Fernandao que mató a su madre con el Fernandao que convivió con ellos.

La angulosidad en la caligrafía

Desde el parámetro grafonómico «forma», resulta esencial determinar el grado de angulosidad del trazado, es decir, el predominio de los trazos curvilíneos frente a los trazos y coligamientos angulosos entre letras.

Estos dos componentes, la curva y el ángulo son manifestaciones primarias y primordiales a la hora de valorar el componente formal de un grafismo. La curva representa el elemento femenino del grafismo frente al ángulo que representa lo masculino; ánima-animus, yin y yang, naturaleza y espíritu, sociabilidad e individualismo, suavidad y dureza, transigencia e intransigencia, materia y energía…

El trazado predominantemente curvilíneo otorga a la escritura una psicología que se correlaciona habitualmente de forma positiva con la flexibilidad y adaptabilidad frente a las circunstancias cambiantes del entorno; la sociabilidad, el trato agradable y gentil, la afectuosidad… caminan del lado de este componente básico de la escritura.

Como contrapunto, las formas angulosas en el trazado son la expresión de la energía, la firmeza, la disciplina, la marcialidad, el carácter dominante, y también de la inflexibilidad, la rigidez, la intolerancia y el integrismo.

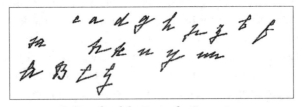

Caligrafía del «Sagrado Corazón»

El carácter superlativo del componente anguloso de este tipo de caligrafía le hace acreedor de connotaciones grafológicas asociables a una disciplina rígida, una masculinidad hiperpolarizada, inflexibilidad y falta de adaptación a lo nuevo e imprevisto, entre otras consideraciones. La faz positiva, poco compensante a mi juicio, frente a sus connotaciones negativas sería la energía y laboriosidad que pretende infundir como valores, así como la firmeza, estabilidad y una actitud persistente y combativa.

Las escrituras redondeadas o curvilíneas, por el contrario, son la expresión habitual del carácter extravertido, comunicativo y sociable frente a las escrituras angulosas cuya psicología está más en relación con la introversión, la reserva, la inflexibilidad, el autoritarismo y el individualismo.

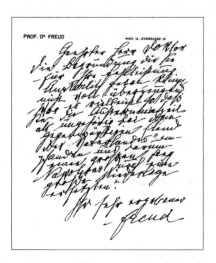

Firma de la fallecida directora de cine española Pilar Miró. El grafismo, como podemos ver, se caracteriza por la verticalidad axial de las letras, la continuidad angulosa del trazado y el hiperligamiento. Todo ello muestra una constelación caracterológica muy enérgica y temperamental, un fuerte control de las emociones y una racionalidad muy exigente. Los puntos de la «i» y los acentos son muy altos, lo que apunta a una tendencia acusada hacia búsqueda del ideal así como a un corazón soñador.

El grafismo de Sigmund Freud, es desde el punto de vista de la «forma», anguloso. Antes de entrar en algunas consideraciones grafológicas respecto de este grafismo, cabe hacer algunas indicaciones.

En primer lugar conviene despejar el equívoco que sitúa a Jung como «el discípulo de Freud», pues aunque lo fue durante algunos años, entre 1907 y 1913, su carrera y aportaciones a la psicología son clara y radicalmente diferenciables de las Freud y el psicoanálisis tradicional (Jung adoptó el término «psicología analítica» para su método y posteriormente el de «psicología compleja»);

Jung fue un psiquiatra que, junto a Bleuler, se pronunció públicamente a favor de un Freud polémico y cuestionado en los ambientes académicos europeos, tras la publicación en 1900 de *La interpretación de los sueños*.

Todo el mundo médico y científico le tomó a broma. Salvo los zuriqueses Bleuler y Jung. «Rompí mis primeras lanzas a favor de él en Múnich –cuenta Jung– cuando en un congreso las comunicaciones sobre las neurosis obsesivas habían omitido intencionadamente su nombre. Posteriormente, en 1906, escribí un artículo para la prensa (en el Münchner Medizinische Wochenschrift) sobre la doctrina freudiana de las neurosis, que tanto había contribuido a la inteligencia de las neurosis obsesivas. Después de este artículo me escribieron dos profesores alemanes, advirtiéndome que si persistía y continuaba poniéndome del lado de Freud y defendiéndole, mi porvenir universitario se hallaba en peligro. Yo respondí: "Si lo que dice Freud es la verdad, que cuente conmigo. Me tiene sin cuidado una carrera en la que se calle la verdad y se mutile la investigación" y seguí defendiendo a Freud y sus ideas».

CARL GUSTAV JUNG

Jung, en algún momento considerado el príncipe heredero de Freud, al igual que Adler y Otto Rank, fue expulsado del movimiento psicoanalítico por manifestar demasiado claramente su desacuerdo con el fundador.

THOMAS HARDY LEAHEY

Tanto Jung como Freud son estrellas con luz propia, dos genios creadores destinados a no crecer y desarrollarse uno a la sombra del otro.

La tipología y carácter de cada uno de ellos constituye la materia prima, la base de lo que sería su concepción del mundo, del ser humano y de la problemática de la vida humana:

> [...] donde el maestro [Freud] veía algo pasivo –contenidos reprimidos–, el discípulo intuye la poderosa acción de algo preexistente que, de forma abrupta, sale a la luz.
>
> LUIS MONTIEL LLORENTE

> Ahora que un número considerable de personas practican el psicoanálisis e intercambian sus observaciones, hemos advertido que ningún psicoanalista va más allá de lo que le permiten sus propios complejos y resistencias interiores; por consiguiente, exigimos que inicie su actividad con un autoanálisis y que lo profundice constantemente mientras realiza la observación de sus pacientes. Toda persona incapaz de obtener resultados en un autoanálisis de este género, sería preferible que renunciase inmediatamente a la idea de tratar a los pacientes mediante análisis.
>
> SIGMUND FREUD
> *Cinq leçons sur la psychanalyse*

La cosmovisión junguiana advierte un fondo inconsciente incomparablemente rico en contenidos inmanentes y perspectivas frente a la visión freudiana de un inconsciente nada «poético», continente de las miserias de un ser humano en guerra contra la animalidad que le subyace. Jung inicia su autobiografía con estas significativas palabras:

> Mi vida es la historia de la autorrealización de lo inconsciente. Todo cuanto es inconsciente quiere llegar a ser acontecimiento, y la personalidad también quiere desplegarse a partir de sus condiciones inconscientes y sentirse como un todo. Para exponer este proceso de evolución no puedo utilizar el lenguaje científico; pues yo no puedo experimentarme como problema científico. Lo que sé es según la intuición interna y lo que el hombre parece ser *sub specie aeternitatis* se puede expresar sólo mediante un mito. El mito es más individual y expresa la vida con mayor exactitud que la ciencia. La ciencia trabaja

con conceptos de término medio que son demasiado generales para dar cuenta de la diversidad subjetiva de una vida individual.

C. G. Jung
Recuerdos, sueños, pensamientos

Thomas Hardy Leahey dice de Freud que:

> [...] empleó el psicoanálisis como un bisturí para diseccionar la religión, una institución social querida por muchos, pero que era tan odiada por los filósofos ilustrados. La guerra emprendida entre la ciencia y la religión seguía avanzando y Freud esperaba aportar el golpe decisivo a favor de la ciencia al desenmascarar los motivos infantiles que se encontrarían tras los sentimientos religiosos.

Thomas Hardy Leahey
Historia de la psicología

La escritura de Freud presenta un gran dinamismo, correspondiente a un sujeto convencido de su propia valía y del poderío que dimana de sus postulados y convicciones, podríamos decir que es el grafismo de un guerrero, de un conquistador. En una carta a Fliess, su íntimo amigo, Freud dice de sí mismo:

> En realidad no soy ni mucho menos un hombre de ciencia, ni un observador, ni un experimentador, ni un pensador. Por mi temperamento no soy sino un conquistador –un aventurero, si lo quieres traducir así– con toda la curiosidad, audacia y tenacidad que caracterizan a los hombres de este tipo. Esta clase de personas tan sólo son apreciadas si han conseguido algún éxito, si han descubierto realmente algo; de no ser así se les abandona al borde del camino, lo que no es totalmente injusto.

El grafismo es de dirección ascendente y de forma angulosa, con un ligero pero significativo estiramiento vertical de la zona media, tan característico de quien se siente distinguido, con cierto tinte soberbio y moralmente autosuficiente. La firma es mayor en cuanto a tamaño grafológico y más voluminosa que el texto, el espaciado entre líneas es a todas luces saboteado por las partes exteriores de las letras; aunque también de las hampas, fundamentalmente de las jambas.

Llama poderosamente la atención en esta escritura el protagonismo espacial, territorial, en lo que a su extensión se refiere, de las jambas; sencillamente son extraordinariamente prolongadas. Esta característica gráfica, adquiere todo su relieve y significación grafológica tratándose de la escritura de un hombre que dirigió la atención del mundo sobre el psiquismo inconsciente y los conflictos y trastornos derivados de una relación deficiente y errónea con él.

Sabemos que grafológicamente las jambas son el elemento gráfico natural de una topografía psicológica inconsciente en la que apreciamos su dinamismo y actividad. La profundidad de las jambas en la escritura de Freud son testimonio del arraigo y «fortaleza» de sus convicciones, del sustento inconsciente de ellas, de la fundamentación caracterológica de sus ideas,

> El Ello (zona inferior) representa las bases biológicas de la mente, el origen de todos los motivos y es, por tanto, el último motor del comportamiento. Los deseos del Ello se encuentran generalmente ocultos detrás de todo lo mejor y lo peor en la historia de la humanidad, detrás de la tragedia y del éxito, de la guerra y del arte, de la religión y de la ciencia, de la salud y de la neurosis y de toda civilización humana. El estudio de los instintos del Ello se convierte así en el corazón del psicoanálisis freudiano.
>
> THOMAS HARDY LEAHEY

La sexualidad que esgrimen estas jambas profundas, nos lleva a la matización, no siempre tenida en cuenta, de que:

> Freud afirmó que no era la sexualidad, sino la sexualidad infantil la que se encontraba en la base de la neurosis. Si algunos de sus contemporáneos ya habían considerado escandaloso su énfasis en el sexo, fueron muchos más los que consideraron inaceptable su teoría sobre la sexualidad infantil.
>
> THOMAS HARDY LEAHEY

La doctrina y concepciones freudianas, está en primera instancia, inexorablemente correlacionada con su propia personalidad, es decir, con su psiquismo subyacente como individuo.

Las jambas de la escritura de Freud son un testimonio viviente del interés y de la gravitación poderosa que su psiquismo inconsciente y el dinamismo de su instintividad ejercían sobre su personalidad y perspectivas. Es un hombre profundo, extraordinariamente motivado hacia el descubrimiento e integración de lo que habita soterrado en el alma humana, en la suya propia en primer lugar.

Invirtiendo la interpretación que hace Max Pulver respecto a la ausencia de prolongaciones en zona superior e inferior, frente a una disminución de hampas y jambas, sin signos de integración individuacionista como en el caso de la zona media de la que habla Castellet, esta territorialidad diferenciada y omnipresente de jambas en primer término, con su prolongación inaudita, vinculadas con la consciencia, y el raciocinio práctico de una zona media enérgica, vivaz, de hampas proyectadas hacia el futuro simbólico, hacia la exteriorización perspicaz de cuanto es hallado, de lo sabido y capturado en las oscuridades innombrables de la trastienda personal, suponen un posicionamiento valiente y una decidida apuesta por entrar en relación estrecha con las «alturas y profundidades de la vida» de las que habla Pulver.

Pero estas alturas, esta esfera misteriosa de la espiritualidad, en Freud está supeditada al vasallaje ejercido por su zona inferior, por una falta de espacios donde pudiera expresarse lo imponderable, lo trascendente que él niega y reduce a pulsiones de un psiquismo explicable en y por sí mismo. Los signos de puntuación son presionados y circunscritos a la altura de lo ponderable, donde la racionalidad pueda ejercer el control.

Freud muestra en su grafismo confuso el señorío que ejerce su razón, mediatizada por su propia subjetividad, sobre los espacios que consumidos e invadidos por su deseo de prevalencia de criterios, corresponden a un omnipresente inconsciente que interfiere lo cotidiano y magnifica sus propios designios.

En el volumen 4 de las *Obras completas* de C. G. Jung, encontramos algunas consideraciones interesantes vertidas por el psiquiatra suizo sobre la relación inseparable de la personalidad del autor y las materias e intuiciones que impregnan su obra. Dice Jung:

Las ideas que impresionan, aquellas que pueden llamarse verdaderas, llevan consigo algo notable: son atemporales, siempre han estado ahí, proceden de un fondo originario materno y anímico del que va creciendo el efímero espíritu humano como una planta que florece, fructifica y da semillas, se marchita y muere. Las ideas emanan de algo más grande que el individuo. No las hacemos, nos hacen.

Las ideas son, por una parte, una fatal confesión que saca a la luz no sólo lo mejor sino también nuestras insuficiencias últimas y nuestras miserias personales. ¡Tanto más las ideas psicológicas! ¿De dónde pueden proceder sino de lo más subjetivo? ¿Puede protegernos la experiencia con el objeto del prejuicio objetivo? ¿No es toda experiencia, incluso en el mejor de los casos, interpretación subjetiva al menos en su mitad? Pero, por otra parte, el sujeto también es un hecho objetivo, un fragmento de mundo, y lo que procede de él procede a la postre del fondo del mundo, al igual que el más extraño e improbable de todos los seres vivos es sostenido y alimentado por la tierra común a todos nosotros. Las ideas subjetivas son precisamente las más próximas a la naturaleza y a la esencia, y también puede decirse que las más verdaderas. [...]

Nuestra psicología es la confesión, más o menos felizmente configurada, de algunos individuos, y, en la medida en que sean más o menos típicos, su confesión también podrá ser admitida por otros muchos como descripción suficientemente válida. Como quienes muestran otro tipo también pertenecen al género humano, puede también concluirse que incluso éstos, aunque en menor medida, se verán afectados por esa confesión. Lo que Freud tiene que decir acerca del papel de la sexualidad, del placer infantil y su conflicto con el «principio de realidad», sobre el incesto y cosas parecidas, es en primer término la expresión más verdadera de su psicología personal. Es expresión felizmente configurada de lo encontrado subjetivamente. No soy adversario de Freud, aun cuando su miopía y la de sus discípulos quieran ponerme esa etiqueta. Ningún médico de almas experimentado puede negar que conoce al menos docenas de casos cuya psicología coincide en lo esencial con la de Freud. Por ello, Freud, precisamente con su muy subjetiva confesión, ha ayudado al nacimiento de una gran verdad humana. Él mismo es el ejemplo clásico de su psicología, dedicando su vida y su obra al cumplimiento de esa tarea.

Uno ve como es. Y puesto que otros tienen otra psicología, también ven de forma distinta y expresan cosas distintas. Esto lo mostró antes que nadie uno de los discípulos tempranos de Freud, Alfred Adler, quien expuso el mismo material empírico desde un punto de vista totalmente distinto, siendo su modo de ver al menos tan convincente como el de Freud, precisamente porque Adler también representa un tipo frecuente de psicología. Sé que los representantes de ambas escuelas no tienen ningún inconveniente en negarme la razón, pero la historia y todos los que piensen con equidad me la darán. No puedo evitar reprocharles a ambas escuelas que expliquen al ser humano excesivamente desde el ángulo patológico y sus defectos. Ejemplo convincente de ello es la incapacidad de Freud para entender la vivencia religiosa.

Frente a ellos, prefiero entender al hombre desde su salud, y liberar al enfermo justamente de la psicología que Freud representa en cada página de su obra. En ningún lugar veo que Freud vaya más allá de su propia psicología, ni cómo puede aliviar al enfermo del padecimiento que él mismo padece.

«La contraposición entre Freud y Jung»
págs. 311-313, vol. 4. *Obras Completas*

Volviendo a la publicidad

En el rotulo publicitario que ilustramos a continuación se aprecia una tipografía muy angulosa que trasmite una idea-sentimiento-imagen arquetípica asociada a las experiencias fuertes y sensuales, en la línea de los anuncios actuales de la marca Bacardi. Morgana es el nombre de la hechicera y hermanastra del rey Arturo, quien, según algunas versiones de la leyenda artúrica, conspiró contra éste para arrebatarle el poder y con él poner fin al nuevo orden para el que Arturo había sido elegido (fue el único caballero capaz de extraer la espada Excalibur que el mago Merlín –*imago* arquetípica del sí-mismo– había clavado en la roca).

104

Por consiguiente, tanto el nombre de Morgana, como la imagen del cristal del negocio con la bruja sobre su escoba, como el propio logotipo de Barcardi con su murciélago característico, mantienen una relación de correspondencia simbólica y de significado con la extrema angulosidad de la tipografía empleada.

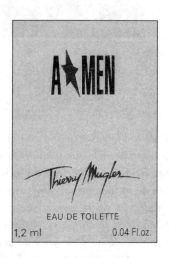

La escritura manuscrita que figura la etiqueta de esta colonia Thierry Mugler presenta trazos acerados, angulosos (en este caso la agresividad de esta colonia para hombre) y una tipografía «A MEN» sobrealzada (orgullo, distinción).

La inclinación axial

La inclinación axial de las letras es un factor del grafismo de gran expresividad grafológica. Fundamentalmente muestra la disposición afectiva y la actitud vital del escribiente. Este parámetro grafonómico supone una ventana abierta a la emotividad manifiesta en la conducta gráfica del sujeto. Así, el carácter introvertido tiende a revertir la inclinación del modelo caligráfico y volverla hacia la vertical o hacia la izquierda. Se trata de la interioridad contenida, también característica de las personas reservadas, tímidas, también de las inseguras y de las que adoptan una disposición emocional defensiva. Grafológicamente la denominamos escritura de inclinación invertida. Se trata de un signo, en principio, regresivo.

La inclinación axial de las letras expresa con gran efecto la expansión-exteriorización extravertida del sujeto-empresa-institución, caso de la inclinación dextrógira o a la derecha, frente a la interiorización-introversión-conservadurismo de la inclinación sinistrógira o a la izquierda, pasando por la racionalidad autogestionada y de emotividad contenida que muestra la verticalidad. Una tipología de inclinación oscilante suscitará un clima gráfico de inestabilidad y de falta de consistencia. En el cartel publicitario que reproducimos a continuación de Rolex, vemos una orientación general sinistrógira, tanto en el enfoque de la cámara al fotografiar el mar y las regatas, como en el propio reloj Rolex que está tumbado a la izquierda, como si «nuestro» tiempo debiera transcurrir teniendo siempre como eje referencial las formas y valores tradicionales.

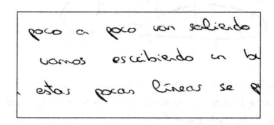

Escritura de inclinación regresiva, muy invertida (caída a la izquierda).

La inclinación dextrógira, a la derecha, correlaciona habitualmente con personas de carácter extravertido, comunicativas y abiertamente «inclinadas» al contacto social. Se trata de un «gesto de propensión a...». Ya dijimos que la zona derecha hacia donde avanzan las escrituras modernas es una representación espacial de «lo que está por venir», del contacto con «el tú», el ámbito espacial de la exteriorización de los pensamientos y las emociones a través de la continuidad y progresión cursiva del trazado (la letra cursiva es un estilo de escritura caracterizado por poseer caracteres inclinados y finos, en contraste con los tipos romanos, verticales y más gruesos). Soporta proyecciones y representaciones asociadas a los objetivos y metas el individuo, a aquello que tiene «por delante».

Firma muy ascendente y muy inclinada (tumbada).

La escritura de inclinación perpendicular o vertical es uno de los gestos grafológicos de la racionalidad, la sobriedad y el autocontrol. Es la tendencia predilecta del sujeto racional y de quien mantiene el control de sus sentimientos y la compostura en todo momento («en todo momento» debe entenderse como «habitualmente»).

*Firma de inclinación perpendicular o vertical. La vertical es el gesto grá-
fico que traduce la disposición anímica del autocontrol, la racionalidad y
el equilibrio. Es la «cabeza» refrenando el «corazón», la razón sujetando
los sentimientos.*

También encontramos escrituras con una inclinación de letras irregular, ambivalente, es decir, que inclinan a ambos lados respecto al eje
perpendicular. Este tipo de inclinación que denominamos ambivalente
es expresión habitual de inmadurez afectiva y en no pocas ocasiones de
conflictos neuróticos; una pugna interior entre tendencias encontradas.

> , te dejo un par de textos (lástima
> él próximo número). A mes y
> poco (sobre todo viendo la cantí
> hay); menos da una piedra.
> la revista puedes poner la f
> firma con el seudónimo QUIN
> o así) ya que está ahí puesto
> o que no gané, vaya novedad).
> ha ocurrido una idea un

Inclinación ambivalente de un personalidad conflictiva e inestable

No obstante, el uso de la inclinación ambivalente en anagramas y
rótulos publicitarios indica a menudo un carácter lúdico y desenfadado. Es muy frecuente en empresas cuya actividad está orientada a
los niños, emulando así esa especie de «locura» e informalidad que
les caracteriza.

Este rótulo publicitario «Café Merlín», esgrime una tipología de inclinación ambivalente, con espirales y formas divertidas, buscando establecer «contacto» por simpatía con la parte lúdica, cándida, desenfadada e infantil de nuestra personalidad. Con el mundo mágico infantil.

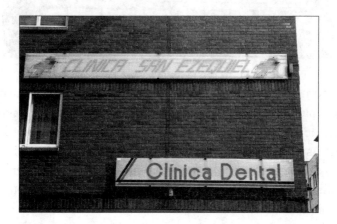

La clínica que ahora vemos en la foto, San Ezequiel, presenta tanto en la tipología de su anagrama como en las cruces que lo contienen a izquierda y derecha una inclinación acusada. Inclinación que contrasta, muy oportunamente para nuestra finalidad didáctica, con la verticalidad de las letras de «Clínica Dental» que está más abajo en el mismo edificio.

La psicología y analogía conductual que trasmite el primer ejemplo es el de una disposición muy proclive al auxilio inmediato y al contacto humano intensivo. Es como si el cartel nos dijese «vamos hacia usted», «le tendemos la mano», nos desvivimos por «salir a su encuentro»… La inclinación de las letras trasmite calor, sentimiento, afecto, sociabilidad.

En evidente contraste con lo dicho, vemos como el cartel que está debajo, el de la clínica dental, ofrece una imagen más contenida, más comedida y racional; nos dice «estamos aquí para atenderle», pero desde una «posición» más fría, más seca, en cierto modo más impersonal…

En este rótulo de autoservicio Sampedro encontramos el mismo lenguaje grafológico de la clínica San Ezequiel. Inicialmente lo encontré tras salir de impartir mis clases de grafología en un pueblo del occidente de Asturias, Navia; cuando les hice el comentario a varias de mis alumnas acerca de la psicología de este tipo de inclinación, en seguida me confirmaron el talante de su propietario, extremadamente solícito con la clientela.

Las formas cuadradas de las letras se interpretan grafológicamente como características de una actitud ceremonial y a menudo afectada. No suele tener una valoración positiva a causa de la rigidez que trasmite. Augusto Vels dice de este tipo de escritura que «algún aspecto neurótico está detrás de esta caligrafía que rara vez se puede interpretar como signo positivo a causa de la alta dependencia de un superyó excesivamente rígido y tiránico».

El superyó alude en la terminología psicoanalítica clásica a la formación inconsciente que es fruto de la interiorización (introyección) de las prohibiciones morales asociadas a la autoridad de los padres o equivalentes. Su función psicológica es la de ejercer control sobre el yo obligándole a reprimir ciertas pulsiones instintivas bajo la amenaza de sentimientos dolorosos de culpa que perturban en mayor o menor medida el estado anímico y por tanto el equilibrio psicológico.

Los detalles de la relación del yo y el superyó se tornan perfectamente inteligibles, reduciéndolos a la actitud del niño frente a sus padres. Naturalmente, en la influencia parental no sólo actúa la índole personal de aquellos, sino también el efecto de las tradiciones familiares, raciales y populares que ellos perpetúan, así como las demandas del respectivo medio social que representan.

SIGMUND FREUD
Esquema del psicoanálisis

 Esta escritura que sigue a continuación corresponde a Tomas A. Edison (1847-1931), a quien se atribuyen 1033 patentes, entre ellas la omnipresente lámpara eléctrica incandescente (la bombilla), el fonógrafo y el generador eléctrico.

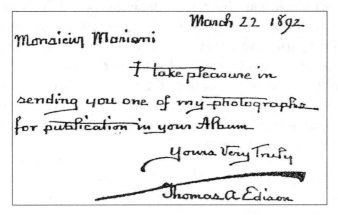

Parece que Edison tuvo una infancia marcada por las terribles palizas de un padre muy severo. Esta escritura cuadrada expresa una conciencia rígida y obstinada. La zona media cuadrada supone una forma de adaptación a la realidad basada en la observancia de reglas rigurosas, y en un talante parsimonioso y ceremonial. Las barras de las «t» excesivamente prolongadas, muy altas y en ocasiones, de dirección ascendente, muestran un sujeto dominante aunque protector.

El trazado prolongado, grueso y ascendente de la barra de la «t» en la firma son característicos de personalidades con vocación patriarcal, muy protectores a la par que muy controladores.

Los signos de puntuación altos indican la tendencia, muy obvia en el caso que nos ocupa, a orientar la atención hacia la creatividad y el pensamiento productivo. También son a menudo la expresión grafológica del carácter idealista y soñador.

Cruz Roja rompe aquí el protocolo de su tipología clásica sustituyéndola por esta otra que emplea en su sección juvenil. Aquí se emplea la escritura cursiva, agrupada, inclinada y nutrida como expresión de dinamismo y emotividad (inclinada), equilibrio y ecuanimidad (escritura agrupada), fortaleza y energía (presión de peso o calibre nutrido), sustituyendo la racionalidad y autocontrol, la sobriedad y neutralidad de la tipografía con formato en mayúsculas, desligada y de inclinación vertical del anagrama-tipo habitual.

Capítulo 4

EL SÍ-MISMO O PERSONALIDAD NUCLEAR. LA FIRMA PERSONAL Y LA FIRMA CORPORATIVA

Las teorías intelectualistas o las llamadas científicas no son adecuadas a la naturaleza de lo inconsciente, puesto que se sirven de un idioma conceptual que no tiene ninguna semejanza con la simbólica expresiva de lo inconsciente.
CARL GUSTAV JUNG

El estudio de las singularidades y de la constelación de significados de la firma representa uno de los capítulos más interesantes, ricos y sorprendentes del aprendizaje grafológico.

La comprensión grafopsicológica de la firma no resulta posible sin un adecuado manejo de la hermenéutica simbólica y del lenguaje gestual manifiesto a través de las distintas variables gráficas en que puede manifestarse la escritura y de modo general el grafismo.

La firma personal supone la identificación con una imagen gráfica sobre la que la personalidad encuentra su acomodo. Un acomodo no siempre positivo ni gratificante habida cuenta de que la firma expresa muy a menudo el conflicto de una personalidad indiferenciada y sujeta a tensiones y desequilibrios.

De la misma manera que en la escritura apreciamos las múltiples disposiciones y potencialidades del yo, su acción o conducta manifiesta y el modo de relacionarse con el mundo, con los demás, en la firma aparece casi siempre una breve y concisa manifestación del sí-mismo o personalidad nuclear.

Aunque breve y concisa, este fenómeno creativo y de libre elección que es la firma, deja traslucir la estela de los rasgos dominantes sobre los que orbita la persona. Además, en los países de influencia cultural latina el uso generalizado de la rúbrica acompañando a la firma supone el pretexto y la ocasión para que un importante rango de contenidos inconscientes pertenecientes a la sombra del yo, utilizando la terminología junguiana, manifiesten su naturaleza, estado y, sobre todo, su relación o relaciones con el yo o la parte consciente de la personalidad.

> Por la asimilación de la sombra el hombre se torna en cierto modo corporal y con ello aparece también su esfera de impulsividad animal, así como la psique primitiva o arcaica, en el cono luminoso de la conciencia, donde ya no se deja reprimir mediante ficciones o ilusiones. A consecuencia de eso el hombre se convierte en el difícil problema que en sustancia es. Este hecho fundamental debe permanecer presente a la conciencia si es que uno quiere en verdad desarrollarse. La represión conduce, si no directamente al estancamiento, a un desarrollo unilateral y con ello finalmente a la disociación neurótica.
>
> [...] El reconocimiento de la sombra predispone a la modestia y hasta al temor a la esencia insondable del ser humano. Esta precaución es muy necesaria porque si el hombre se siente tranquilo sin su sombra es precisamente por desconocerla. Pero aquel que conoce a su sombra sabe que no está a salvo, que por ella la psique arcaica, todo el mundo arquetípico, entra en contacto directo con la conciencia y la penetra de influencias arcaicas.
>
> [...] con la demostración de la verdad sin embozo se plantea la cuestión esencial y con eso el yo y su sombra no persisten en mantener su duplicidad, sino que se integran en una unidad, aún cuando ésta entrañe un conflicto.
>
> C. G. JUNG
> *La psicología de la trasferencia*

La rúbrica proviene, como ya hemos apuntado, de una costumbre sostenida hasta el Medioevo de acompañar al nombre o firma con una inscripción en tinta roja de las palabras *scripsit, firmavit, recognovit*.

La libertad y ausencia de reglas con las que cada cual adopta una determinada forma rubrical es vista por la grafología como una ocasión proyectiva de contenidos y procesos dinámicos inconscientes.

Así, a través del conjunto firma-rúbrica, dispondremos de un breve pero importante bosquejo del sí-mismo o personalidad global, la orientación fundamental del yo en un momento dado de la historia de su propio proceso de individuación y una perspectiva acerca de la alineación favorable o desfavorable que en términos relativos y generales el inconsciente adopta respecto del yo o conciencia del sujeto. La firma nos proporciona valiosa información sobre la calidad y cualidad de la máscara con la que pretendemos aparecer ante nosotros mismos y ante los demás.

> La conciencia es, por naturaleza, una especie de capa superficial, de epidermis flotante sobre el inconsciente, que se extiende en las profundidades, como un vasto océano de una continuidad perfecta. Kant lo había presentido: para él, el inconsciente es el dominio de las representaciones oscuras que constituyen la mitad de un mundo. Si juntamos el consciente y el inconsciente, abarcamos casi todo el dominio de la psicología. La conciencia se caracteriza por una cierta estrechez; se habla de la estrechez de la conciencia, por alusión al hecho de que no puede abarcar simultáneamente sino un pequeño número de representaciones.
>
> C. G. JUNG
> *Los complejos y el inconsciente*

Una empresa, institución o colectivo puede ser contemplado desde una perspectiva holística como una personalidad idiosincrásica, y al igual que ésta, como determinada por una identidad subyacente y esencial, es decir, por un sí-mismo. En términos clásicos, hablaríamos del «espíritu» de dicha empresa o institución. En este sentido, y no necesariamente en sentido metafísico, el sí-mismo y el espíritu son conceptos que guardan una perfecta relación de homologabilidad.

A la firma se le aplican los mismos criterios de interpretación que a la escritura comunicativa. Decimos escritura comunicativa por cuanto el texto escritural sirve fundamentalmente al objetivo de comunicar pensamientos de acuerdo a una convención semántica idiomática y a las reglas sintácticas características de cada lengua. Sin embargo, la firma tiene como finalidad y cometido el gesto simbólico de conformidad con lo que el texto afirma.

De manera que cuando el sujeto escribiente firma, está declarando y afirmando su voluntad, está materializando gráficamente la conformidad de su yo. Este hecho convierte la firma en un grafismo con unas connotaciones especiales, clásicamente condicionadas (condicionamiento pavloviano) a la autoimagen, la autoestima y la idea de sí con la que uno se halla inconscientemente identificado.

La variedad de firmas es virtualmente inabarcable, aunque podemos hallar y describir tipos o prototipos de variables conductoras o directrices de la firma. Por regla general, las formas y recursos gráficos simplificados son el mejor ejemplo de la madurez y sobriedad de la personalidad de la que es reflejo, tanto si hablamos de la personalidad humana, como si se trata de la «personalidad» de una empresa o institución.

El logotipo sería una estructura análoga a la rúbrica de la empresa o institución, así como el anagrama equivaldría a su firma. Los logotipos y anagramas admiten una valoración grafológica homóloga a la que hacemos de una firma autógrafa, psicofisiológica y no del todo conscientemente configurada.

El logotipo de la OTAN (NATO) hace uso de la señalización de los puntos cardinales mediante una figura con forma de estrella cuyos vértices angulosos en los brazos señalizadores aportan el elemento de firmeza, fuerza y marcialidad que corresponde a una institución militar.

La tipografía elegida presenta pequeños trazos o rasgos equivalentes a los arpones o ganchos grafológicos, signos típicos de tenacidad, arraigo a las propias convicciones y aferramiento a los propios puntos de vista. Augusto Vels dice de este signo que «en un grafismo con nivel positivo alto, puede ser signo de tenacidad, de empeño en los objetivos, de resistencia a ceder a los obstáculos, las dificultades u oposiciones...».

La verticalidad, la yuxtaposición, así como la angulosidad moderada (equivalente a arpones) de las letras indica la independencia de criterios, racionalidad y energía dimanante de la propia imagen y valores defendidos.

Deutsche Bank ◪

El logotipo del Deutsche Bank está configurado con arreglo a estructuras arquetípicas elementales y atemporales. Está formado por un cuadrado con una línea central de inclinación dextrógira, con un grueso calibre y en la misma línea de base que el anagrama; la tipografía utilizada es redondeada y con un predominio zonal que descansa en la zona media, es decir, sobre las letras interiores; la inclinación es vertical, está desligada y concentrada (espaciado entre palabras inferior a una «m»).

La lectura grafoanalítica del logotipo se traduce en un idea símbolo de firmeza y estabilidad, de fuerza. El cuadrado es una imagen arquetípica vinculada a la idea de perfección. Así decimos que algo cuadra en el sentido de que «encaja», o que no cuadra, «no encaja»; ha resultado cuadrado en sentido de cabalidad y de perfectamente realizado y rematado en todos sus detalles y extremos.

El cuadrado ha sido utilizado conceptualmente a lo largo de los siglos tanto para el cálculo matemático, las nociones místicas de la filosofía (cuadratura del círculo), la operatoria mágica (en la escuela pitagórica se juntaron ambas cosas: los pitagóricos establecieron una base científica para las matemáticas e hicieron importantes contribuciones a la geometría), como en el arte religioso, junto al triángulo, como una configuración simétrica de elementos con fines de contemplación y centramiento meditativo.

El cuadrado es para Jung un símbolo vinculado a la plenitud y autonomía del sí-mismo, una representación por tanto de *totalidad*. En *Psicología de la trasferencia*, dice Jung de la cuaternidad que:

> [...] es uno de los arquetipos más difundidos y también ha resultado ser uno de los diagramas más útiles para representar la organización de las funciones mediante las cuales se orienta la mente consciente. Es como los hilos cruzados del telescopio de nuestro entendimiento. La cruz formada por las puntas de la cuaternidad no es menos universal y además tiene el máximo significado moral y religioso posible para el hombre occidental.

Daryl Sharp en su *Lexicon jungiano* escribe que:

> Jung pensaba que la producción espontánea de imágenes cuaternarias [incluyendo mandalas], ya sea conscientemente o en sueños y fantasías, puede indicar la capacidad del ego para asimilar material inconsciente. Pero las imágenes también pueden ser esencialmente apotropaicas (apotropaico se usa como adjetivo que alude a un objeto que tiene la virtud de ahuyentar las propiedades malignas), un intento de la psique para no desintegrarse.

Finalmente, Marie Louise von Franz habla de cómo «la redondez [el motivo mandala] generalmente simboliza una totalidad natural, mientras que una formación cuadrangular representa la realización de ella en la consciencia» (M. L. von Franz, *El proceso de individuación*).

Así por tanto, el cuadrado utilizado como figura logotípica trasmite de manera natural y propia la autoridad que representa lo convenientemente acabado, lo perfecto. Es una imagen enérgica, consistente, fuerte, atemporal y completa en sí misma.

El trazo de inclinación dextrógira que se encuentra en el centro del cuadrado indica la disposición extravertida y comunicativa del banco, el deseo e intención de acercarse al otro, en este caso, al cliente (simbólicamente ubicado a la derecha del espacio gráfico).

El calibre o grosor de los trazos, uno de los subaspectos de la presión como parámetro grafonómico esencial, es grueso o nutrido, lo que traducido grafológicamente significa materialidad, sensorialidad, terrenalidad.

Naturalmente, el dinero, materia prima de las actividades de todo banco, es el mejor símbolo de materialismo y terrenalidad imaginable, siendo como es el elemento que abre casi todas las puertas de un mundo que gira en torno al poder del capital y a la dignidad social que de él normalmente se deriva.

Las tipologías redondeadas, escrituras en las que predomina la zona media, se correlacionan con una ideología y proximidad emocional con el yo y su mundo (de ahí los signos de egocentrismo que se reconocen en la interpretación de algunas escrituras cuya especie dominante es la atrofia de hampas y jambas a favor de una zona media sobredimensionada), con la familia y, en definitiva, con todo lo relacionado con una mentalidad acomodada.

Estas tres firmas corresponden con los grafismos de la cantante Paloma San Basilio, del actor Antonio Ozores y de la política española Cristina Almeida. Las tres presentan un claro predominio de la zona media, lo que las hace acreedoras de atributos como el carácter familiar, la sencillez, cierto afán de protagonismo, compañerismo y lealtad y sobre todo, de realismo (la zona media es el ámbito gráfico-representacional del yo y de la consciencia, de cuyas funciones depende la integridad psicológica, el contacto con la realidad y las posibilidades de objetividad).

Al igual que el cuadrado, como hemos visto, representa una figura geométrica arquetípica y de amplias connotaciones de significado inmediato, el círculo es otra figura de gran valor arquetípico y que es usado muy habitualmente como elemento primordial de muchas «firmas» comerciales e instituciones.

119

En la escritura manuscrita el círculo se halla presente en los óvalos, esto es, en las letras «a» (caligráfica), «o», «d», «q» y «g». El círculo u óvalo es una representación primordial del yo, del yo como manifestación subordinada de la personalidad global que hemos definido con Jung como sí-mismo o arquetipo de la totalidad.

El óvalo es la medida de la zona media, asiento de las letras interiores y ámbito del sentimiento que evoca la imagen de sí; lo cotidiano y la conciencia de la propia subjetividad tienen su expresión inmediata en esta zona fundamental donde tiene lugar la progresión del trazado escritural.

Del óvalo podríamos decir con el filósofo Ernst Jünger que «cualquiera que sea el punto en que se ponga fin al camino –mejor sería decir: en el que se lo "interrumpa"–, el camino encierra una totalidad».

C. G. Jung se refiere a esta imagen primordial o arquetípica en palabras como estas: «El círculo, como símbolo de totalidad y perfección, es una difundida expresión del cielo, del sol y de Dios; también expresa la imagen primordial del hombre y del alma».

Se da la sorprendente circunstancia de que los trastornos mentales suelen presentar como síntoma gráfico la disociación del óvalo respecto del hampa, en el caso de la letra «d» y de las jambas en el caso de las letras «g» o «q». También el óvalo en la letra «a» puede presentarse disociado del rasgo o trazo final que define a esta letra en su modalidad caligráfica y que la diferencia de la letra «o». A este tipo de escrituras las denominamos «fragmentadas». Algunos ejemplos nos servirán para ilustrar este fenómeno.

Se trata del grafismo de un sujeto esquizofrénico. Como se puede apreciar, el óvalo se halla disociado del palote en la letra «d», así como el rasgo final en la «a». El esquizofrénico padece una falta de unidad de la personalidad. Las alucinaciones, sobre todo auditivas, y la falta de control de los procesos mentales hacen de este trastorno una fuente de conflicto interior intenso. Esquizofrenia significa literalmente «espíritu (*phren*) dividido (*schízo*)».

Como ejemplo curioso de la proyección que tiene lugar a través de nuestros gestos y manifestaciones conductuales, tuve ocasión de recibir artículos de un colaborador asiduo de una publicación que yo dirigía y que padecía esquizofrenia. Era un sujeto con una gran formación, muy inteligente y locuaz aunque esquivo y de reacciones extrañas e imprevisibles. Cuando, como era habitual, el artículo que me enviaba por correo postal constaba de varios folios (3 o 4), siempre los doblaba de manera independiente a pesar de formar parte todos ellos de un mismo artículo, contrariamente a lo usual, que es plegarlos unidos.

El gesto es realmente elocuente. Muestra la desunión y falta de control central de la personalidad, la fragmentación o disociación del yo. Bleuler consideraba la esquizofrenia como una ruptura entre la vida emocional del paciente y su capacidad de razonar. Aquello que es funcionalmente uno aparece dividido o disociado. Las psicosis, en general, suponen una voladura de la unidad y del control consciente del yo, una invasión anormal de contenidos inconscientes con mayor o menor carga perturbadora que toman el control de la conducta, generalmente por determinados períodos de tiempo, aquellos períodos que constituyen las crisis psicóticas.

A veces, esta disociación gráfica del óvalo respecto del palote es expresión de una insuficiente integración del yo respecto de su entorno social o profesional. La persona no encuentra una correspondencia adecuada entre su sentir y su pensar (disociación potencialmente neurótica) o bien entre su cosmovisión y las tareas cotidianas en las que se halla inmerso, y de alguna manera, atrapado.

Así por tanto, el óvalo (círculo) y su potencial significante arquetípico establece una imagen adecuada para expresar la identidad única y esencial, análoga a la cualidad de personalidad, de una institución o firma comercial.

Veamos algunas importantes marcas comerciales que utilizan el círculo como base de su imagen logotípica.

El Banco del Japón apoya su imagen logotipo en una estructura circular, mandálica, muy simple y básica pero, como todas las imágenes y figuras arquetípicas, muy potente y resonante.

La *imago* logotípica está aderezada por cuatro salientes agudos, uno en cada punto cardinal, que vienen a completar la figura del mandala mediante la cuaternidad; una cuaternidad sobre cuya significación ya nos hemos extendido anteriormente. Estos cuatro elementos angulosos proporcionan al círculo una vocación extravertida, que dimanante del centro abarca los cuatro puntos cardinales, la globalidad; y lo hace de un modo gráficamente expresado mediante puntas de flecha angulosas que le proporcionan, grafológicamente consideradas, el dinamismo de un centro que se proyecta al exterior con fuerza, determinación y energía. Sobre la significación del círculo entendido como mandala dice Jung:

> [...] el mandala es un símbolo de individuación. [...] La experiencia enseña que el «círculo delimitador», el mandala, es el antídoto clásico contra los estados anímicos caóticos. [...] El símbolo del mandala significa precisamente un lugar sagrado, un «temenos», para proteger el centro.

Este símbolo es uno de los motivos más importantes en la objetivación de imágenes inconscientes. Es un medio para proteger el centro de la personalidad, evitando que sea arrastrada e influenciada desde afuera.

El logotipo de Yamaha consiste en una imagen mandálica, un círculo con algo parecido a tres flechas, esta vez internas, lo que le confiere una tensión más introvertida al símbolo que el anteriormente tratado del Banco del Japón. La simbología subyacente, es la misma que la ya comentada, una figura de identidad consistente y profundamente arraigada en las representaciones mentales de los seres humanos.

> Quizá mejor: «con algo parecido a tres flechas». Tríada y tétrada constituyen estructuras arquetípicas que desempeñan un importante papel en el simbolismo general y que tienen la misma relevancia para la investigación, tanto de los mitos como de los sueños.
>
> C. G. Jung
> *Los arquetipos y lo inconsciente colectivo*

Las letras están moderadamente sobrealzadas, lo que le otorga orgullo y dignidad a la «firma», y la inclinación de las letras en «*Touching Your Heart*» aportan el elemento grafológico del sentimiento y del calor humano (la escritura inclinada es un gesto gráfico natural y característico de la disposición afectiva y extravertida).

Siguiendo con los logotipos que utilizan círculos como imagen básica, presentamos estas cinco conocidas firmas multinacionales Bayer, Nissan, BMW, Mercedes-Benz y Opel. Como vemos, las cinco son círculos con estructuras concéntricas que encajan perfectamente en las más exigentes descripciones acerca de los mandalas.

El logo de la californiana Hewlett-Packard presenta una fisonomía logotípica de un círculo circunscrito por un rectángulo; un círculo franqueado por el hampa y la jamba de las iniciales de la marca, la letra «h» y la «p» respectivamente.

Las letras que poseen hampas y jambas se consideran en grafología letras exteriores.

Las hampas relacionan o vinculan la zona media, el yo (representado por todas las letras interiores o de asiento en dicha zona, especialmente por el óvalo), con la zona superior y por tanto con el ámbito gráfico espacial de las representaciones mentales, las ideas y los códigos de conducta colectivos.

Las jambas son letras exteriores que vinculan y relacionan la zona media (el yo) con la dimensión instintiva, las crepusculares inmensidades de la inconsciencia donde palpitan las venas subterráneas de la vida.

La apuesta por las hampas y las jambas, por trascender la zona media para retornar a ella en un nuevo estadio adaptativo integrando estas tres zonas (*véase* Castellet y su teoría de la «zona única» referenciado por Augusto Vels en su libro *Escritura y personalidad*) es una decidida apuesta por explorar las posibilidades de una vida auténtica y plena. El achatamiento de las hampas y las jambas suele ser indicador grafológico de temores disfrazados de prudencia, en opinión del psicólogo y grafólogo suizo Max Pulver de «miedo a las alturas y profundidades de la vida».

La parte media de estas dos letras («h» y «p») presenta la fenomenología sobrealzada que resulta tan universal recurso en anagramas y logotipos, con la finalidad gestual de afirmar la autoestima y enaltecer la propia imagen.

Pioneer
sound.vision.soul

El anagrama de Pioner se nos presenta con una tipografía ancha, redondeada, inclinada, simplificada y muy gruesa.

La correspondencia de este anagrama con las escrituras manuscritas es relativa a las escrituras redondas que tanto se «estilan» entre adolescentes y que constelan sentimientos familiares, sencillez y trato llano, compañerismo y carácter acomodado, burgués. El predominio de la zona media equivale a una actitud egocéntrica o, en cierta manera y en este caso, podríamos decir, familiar-céntrica. Cuando estas escrituras tienen apenas movimiento, son monótonas y presentan un exceso de parsimonia, revelan falta de motivación (del latín movere = que tiene la virtud del movimiento).

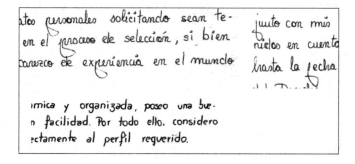

Escrituras redondas, monótonas, sin dinamismo, excesivamente parsimoniosas. La de la izquierda tiene un tipo de jambas (letra «p», «f» y «j») en «espejo», que es la propensión natural de la predilección hemisférica de los zurdos. «La escritura en espejo es la fisiológicamente normal para la mano izquierda; pero en muchos casos ha sido necesario un hecho patológico para que pudiera manifestarse» (Dr. Martial Durand).

Organización de las Naciones Unidas para la Educación, la Ciencia y la Cultura

En este logo de la UNESCO se hace uso de unas siglas sobrealzadas, a modo de columnas del frontispicio clásico, ensalzando así los valores de la cultura y del conocimiento.

La UNESCO fue creada en el año 1946 con la finalidad de promover la paz a través de la cultura, la comunicación, la educación, las ciencias naturales y las ciencias sociales. Como hemos visto ya en varios ejemplos, el uso sobrealzado de las letras es un recurso sencillo, natural y universalmente reconocible de «aupar» o «elevar» la imagen de algo o de alguien.

En la escritura manuscrita este recurso no resulta muy adecuado, salvo cuando se trata de un leve sobrealzamiento y en un contexto de escritura favorable y armonioso, debido al orgullo e inflación del yo que le está normalmente asociado.

Schweppes emplea un anagrama grafológicamente interpretable a través de su especie dominante, esto es, la escritura de líneas ascendentes. Está escrito en minúsculas, lo que equivale a sencillez, cercanía y desenfado. En la parte inferior del ejemplo mostrado vemos la firma manuscrita, con una orientación espacial moderadamente ascendente, un final ascendente también y como remate de la preferencia y protagonismo de esta zona (la zona superior) encontramos unas hampas elevadas. La rúbrica es dextrógira, sencilla y sirve de sustento al nombre.

El conjunto alude a una «personalidad» alegre, optimista, ocurrente y accesible. El grafismo manuscrito es armonioso y satisfecho de sí mismo, sobre todo en cuanto a la marcha y realizaciones de empresa (rúbrica que subraya). Parece existir una dinámica mental realmente creativa y afortunada.

En esta misma orientación grafológica encontramos Christian Dior, con unas hampas elevadas (a excepción de la «t») y unos puntos de la «i» altos.

ChristianDior

El grafismo adquiere sobriedad y elegancia a través de la verticalidad (signo de compostura y racionalidad, también de equilibrio). Los signos de puntuación altos son expresión del idealista y del soñador, del que aspira a cosas elevadas, a aquello que va más allá de lo cotidiano y común, de lo vulgar. En un contexto gráfico negativo y desfavorable puede ser un síntoma de huida, de escape de la realidad insatisfactoria, de inatención y del «soñar despierto». La mayúscula inicial sobrealzada establece un contraste con la minúscula que la sigue, una analogía representacional de la relación entre las imágenes del yo y del tú proyectadas en la escritura (la progresión escritural izquierda-derecha es una exteriorización del pensamiento y del afecto, y un camino expresivo hacia los demás). A través de este gesto, el escribiente suele manifestar su autoimportancia contrastándose con los demás (las minúsculas que le siguen) a favor de la propia imagen.

El anagrama de Ray-Ban sobreeleva la letra inicial de cada una de las palabras estableciendo el contraste ya aludido con las letras siguientes. La orientación espacial de la línea es ascendente. El calibre de los trazos es grueso (grafológicamente diríamos nutrido), con contrastes entre plenos y perfiles; escritura moderadamente inclinada y con uniones angulosas. La traducción grafológica de estos breves apuntes grafonómicos sería la de una «personalidad» que se siente «diferente», importante y destacada, fuerte y dinámica, ambiciosa y anímicamente «floreciente».

Sobrealzamiento de mayúsculas en la aseguradora nipona Tokio Marine. El logotipo emplea figuras geométricas para crear una «T». No creemos necesario abundar más en la significación del gesto de las mayúsculas sobrealzadas. Haga el lector las oportunas reflexiones al respecto.

La elaboración del logotipo hace un uso interesante de lo que los psicólogos de la Gestalt denominaron *contornos ilusorios* o *contornos subjetivos*. Para esta importante escuela psicológica con aportaciones muy relevantes en el campo de la percepción:

> La percepción de la forma se realiza a través de una serie de estadios muchos de los cuales tienen lugar a un nivel preconsciente, sin que el preceptor pueda saber cómo se realiza. [...] La Gestalt estaba interesada en comprender cómo pequeñas unidades simples se agrupaban formando una unidad mayor. Sus principales representantes, Wertheimer, Koffka y Köhler, mantuvieron que la forma era la unidad primitiva de la percepción.
>
> SOLEDAD BALLESTEROS
> *Psicología general, atención y percepción, vol.* II

Respecto de los contornos ilusorios dice Ballesteros:

> Los contornos ilusorios, conocidos también como contornos subjetivos o contornos cognitivos, se llaman así porque el preceptor tiende a completar las discontinuidades existentes en la imagen, creando la ilusión de contorno donde realmente no existe. Se trata de uno de los efectos gestálticos que más llaman la atención por ser preceptos fantasmas que no existen en la realidad. El interés por el estudio de estos contornos surgió a partir de las demostraciones de Kanizsa (1979).
>
> SOLEDAD BALLESTEROS
> *Psicología general, atención y percepción, vol.* II

El cuadrado y el triángulo son dos figuras complementarias y arquetípicas; para Jung, el tres (triángulo) es «número masculino» mientras que el cuatro (cuadrado) es en cambio «número femenino».

Así pues, entre la tríada y la cuaternidad existe primero la oposición macho-hembra y, luego, la cuaternidad es símbolo de totalidad, la tríada, no. [...] Energéticamente, oposición significa potencial, y donde hay un potencial existe la posibilidad de un proceso y de un acontecer, pues la tensión de los opuestos aspira al equilibrio.

C. G. JUNG
Los arquetipos y lo inconsciente colectivo

La conjunción de estas dos figuras constela un imagen de plenitud y equilibrio, a la vez que apunta en dirección ascendente con todas sus connotaciones simbólico-representacionales.

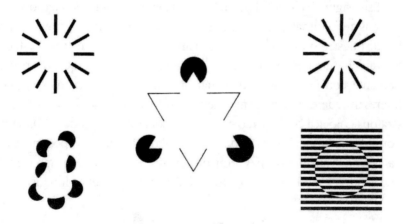

Algunos ejemplos de contornos ilusorios. El de la parte superior derecha, al presentar los extremos de los radios angulosos, no produce el efecto de la silueta que nuestra mente reconstruye. El del centro es una de las versiones del denominado triángulo de Kanizsa.

El anagrama de Disney emplea, cómo no, una tipología desenfadada de inclinación vibrante y con una «D» girada o caída a la izquierda, precisamente a la zona cuyas representaciones tienen que ver con la infancia, el mundo interior, la familia, etc. Cabe destacar el punto circular e inflado de la «i», un signo cuyas connotaciones grafológicas giran en torno a la imaginación, la creatividad, la seducción del pensamiento cautivante, lo anímico-femenino. Los puntos de la «i», uno de los signos asociables a la atención, en este caso engrandecido e inflado, sugiere una atención sobredimensionada, capturada por la fantasía y la magia característica de las producciones de Disney.

Este signo ha sido clásicamente asociado al afeminamiento en escrituras masculinas a causa del ingrediente femenino ya mencionado. Desde nuestro punto de vista, este elemento gráfico es una manifestación activa del ánima en escrituras de hombres y nada tiene que ver necesariamente con la orientación sexual del escribiente. Una interpretación interesante de este signo, que me indicó Juan Allende de la Asociación Grafopsicológica de España, es la de personas que «tienden a darle importancia máxima a cosas mínimas», entre otros, sujetos hipocondríacos. La persona, allí donde hay «un punto» se representa «un círculo», lo que vendría a equivaler a un «punto amplificado» o hiperdimensionado.

Carrefour ⟨⊦⟩

Carrefour, hipermercado de origen francés, muestra una tipografía en minúsculas, un tanto regresiva (*véase* trazo inicial y final de la «u») y con un logotipo anguloso a izquierda y derecha.

Desde nuestro punto de vista, este logotipo presenta unos elementos gráficos inadecuados por su exceso de angulosidad, lo que grafológicamente traducido equivale a sentimientos de hostilidad e inadaptación.

Naturalmente no estamos diciendo o sugiriendo que ésta sea la personalidad de dicha empresa, nada más lejos de nuestro propósito, sino únicamente que las producciones análogas en las escrituras o firmas manuscritas se correlacionan con la inflexibilidad, la dureza, la fricción y tensión anímica, la marcialidad y el talante impositivo. Las letras del anagrama no atenúan por otra parte dicha angulosidad, sino que más bien la secundan o refuerzan con los «salientes», que en cierto modo son equivalentes a los arpones manuscritos, signos éstos de aferramiento a las cosas (ideas, objetos, situaciones…, depende en qué zona preferentemente se encuentren y con qué otros signos aparezcan en la escritura).

No es necesario redundar en la evidencia icónica de que el logotipo de Nestlé alude directamente mediante un dibujo clásico a una imagen entrañable y familiar, la del cuidado y manutención de los más pequeños.

Desde el punto de vista grafológico, tenemos el signo de la protección paternal en la rúbrica que se sobre extiende desde el trazo final de la letra «N» cubriendo el nombre; este signo constituye un fenómeno grafológico común a las firmas cuya psicología es afín a la actitud paternalista, nutricia aunque en general dominante y controladora.

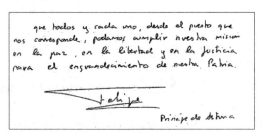

Esta firma hiperligada presenta el tipo de rúbrica aludida, de izquierda a derecha por la zona superior, gesto protector y dominante. El grafismo de esta firma presenta además evidentes signos de firmeza, agilidad mental y una disciplinada autodelimitación de horizontes. Inteligencia metódica, responsabilidad y voluntad direccionada hacia una meta.

Esta firma pertenece al prometedor piloto español de fórmula 1 Fernando Alonso. Me fue proporcionada por el diario deportivo AS para un análisis grafológico junto con la de Michael Schumacher con motivo de su inminente intervención en Melbourne en marzo de 2003. Entre otras variables, la firma presenta una rúbrica de dirección dextrógira que, apoyándose en su zona izquierda, se proyecta con energía (tensión-firmeza) a la derecha cubriendo las letras del apellido. Una vez más, vemos el talante protector y paternalista que conlleva este gesto rubrical, así como un afán intenso de dominio y liderazgo.

Escritura del Rey Felipe VI, por entonces príncipe de Asturias. La firma adopta el gesto protector y dominante atenuado y reconducido por una escritura sencilla y sobria.

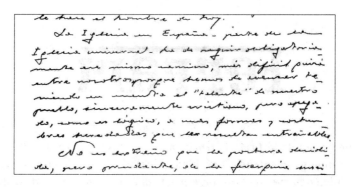

Esta escritura que pertenece al cardenal Tarancón; presenta una fisonomía grafonómica filiforme, rápida, clara, etc. El grafismo sin duda de una
personalidad ágil, inteligente, capaz de moverse con soltura y perspicacia
entre posturas aparentemente irreconciliables. Fue una figura muy importante en la transición española a la democracia tras la muerte de Franco
y el símbolo de la apertura de la Iglesia española a la democracia, una
apertura que ya venía preconizando desde hacía años. El gesto o signo
grafológico que apreciamos en la letra «N» en la frase «No es extraño»
viene a representar una actitud protectora y paternal, en línea con el gesto
que venimos señalando.

NESCAFÉ.

El anagrama de Nescafé, también de la marca Nestlé, presenta el mismo signo grafológico comentado aunque con un formato de letras mayúsculas que, frente al formato de la tipología del anagrama anterior,
otorga una imagen de mayor seriedad.

El anagrama de Pirelli utiliza este mismo gesto de liderazgo patriarcal
mediante la sobreextensión por la zona superior y de izquierda a derecha
de la letra inicial «P». La anchura de las letras refuerza la consistencia y
asentamiento de la marca.

Ferrari

El anagrama de la firma Ferrari emplea el mismo recurso grafológico que venimos comentando. Las minúsculas informales le dan un aire de jovialidad a la marca como corresponde al espíritu deportivo de la escudería. Las letras cuadradas aportan aquí un elemento ingrediente de estabilidad y regularidad. De la escritura cuadrada dice Crépieux-Jamin: «La elegancia se sacrifica a la utilidad. [...] El trazado cuadrado es una caligrafía ceremoniosa cuya principal causa, el amor de la claridad, se combina con la satisfacción del resultado logrado. [...] ...este último sentimiento es idealista».

Las letras mayúsculas sirven principalmente para magnificar la propia imagen así como para revestir al yo de una supercapa de dignidad, a menudo y en escrituras manuscritas, para compensar defensivamente un sentimiento de inferioridad, una insuficiencia interior sentida o presentida.

El uso sistemático de las mayúsculas y especialmente en la firma constituye un signo de introversión y reserva defensiva muy potente; la persona oculta su realidad personal tras una máscara.

Augusto Vels en su obra *Grafología de la «A» a la «Z»*, refiere las letras mayúsculas como «representativas de la autoimagen del autor del grafismo en su rol familiar, social y profesional, es decir, que sirven para comprobar cómo toma conciencia de su importancia, del modo como se ve a sí mismo en el ambiente externo en el que se mueve».

Naturalmente, las letras mayúsculas, como todos los demás signos grafológicos, tienen su matiz interpretativo en absoluta e indispensable dependencia del contexto gráfico global y de la combinatoria única de especies (escrituras-tipo) que cada escritura manifiesta.

134

```
TNO DE UNOS ...
DE BAILE PARA UN CONTRATO DE TRABAJO EN UN CA-
BARET AQUI EN STGO DE CUBA.
TE DIRÉ TAMBIÉN QUE EMPEZARÉ A ESTUDIAR COMPU-
TACIÓN EN UNA CASA PARTICULAR ALLI SE ATIENDE
BASTANTE TENGO GRANDES DESEOS DE EMPEZAR SO-
LO EXISTE UN INCONVENIENTE HAY QUE PAGAR EL
CURSO CADA 15 DIAS Y NO ESTOY BIEN ECONOMICAMEN-
TE Y AQUI LAS COSAS NO ESTAN MUY BIEN A PESAR
... TODAVIA NO HE PODIDO ESTRE-
```

Escritura que emplea el uso sistemático de las mayúsculas. A pesar de ello se aprecia un importante dinamismo gráfico a través de la inclinación de las letras y de la orientación espacial de las líneas. Se trata de una mujer de color que baila. Las mayúsculas suponen un revestimiento de la personalidad que «pretende» en muchas ocasiones encubrir debilidades o deficiencias. Normalmente el escribiente lo «justifica» como que su caligrafía minúsculas es muy «mala» o poco legible, etc. Cuando los grafoanalistas tenemos acceso a las minúsculas de uno de estos escribientes cobra sentido el «motivo» de la incomodidad con la propia caligrafía que lleva a adoptar este tipo de caligrafía más impersonal y relativamente más controlable. En este caso, la mujer mantenía un relación con un hombre bajo una estricta reserva de sus cosas personales, familia, domicilio, etc., en palabras de su «novio» jamás hablaba de su vida personal ni cotidiana. El muchacho sospechaba que la razón de su estar con él era económica y solicitó un análisis del grafismo para conocer más de su personalidad. Se da la circunstancia curiosa de que la carta la recibió en un sobre cuya caligrafía estaba realizada por ella misma con letras minúsculas donde, efectivamente, se encontraban varios signos regresivos de importancia grafológica. Resulta llamativo que emplee las minúsculas para la lectura del cartero y las mayúsculas para la persona con quien mantiene una relación íntima desde hacía un año.

En otro orden de cosas, la escritura con formato en mayúsculas que presentamos a continuación es de una persona de 67 años medicada desde hace 36 años con Halopidol (Haloperidol), Meleril y Akinetón. La medicación dio buenos resultados en lo referente a su estado intelectual. Cuando se intentó eliminarla (ya que sus efectos colaterales le impiden casi caminar) vuelve la manía persecutoria y las alucinaciones auditivas. Utiliza anteojos y lee continuamente.

135

SABER QUE NADA NI NADIE — TIENE PODER SOBRE UNO, NI SOBRE SUS DECISIONES. (D.M.)

... ABANDONANDO TODOS LOS DEMÁS DEBERES, DEJA DE SER UN DEUDOR, Y YA NO TIENE OBLIGACIONES PARA CON NADIE - (B.G.)...

COMO ÉL PERMANECE SATISFECHO EN EL TRASCENDENTAL SERVICIO AMOROSO DEL SEÑOR, PUEDE PERMANECER ESTABLE, TAL COMO EL OCÉANO, Y, EN CONSECUENCIA, PUEDE DISFRUTAR DE PLENA PAZ. (B.G.) PENSAR SIEMPRE EN KRSNA - ES EL MÁS GRANDE.

SI OLVIDASES LO ANTERIOR — TODO NOS PARECERÍA MUERTO - NO PETRIFICAR LAS EMOCIONES — EN LA MEMORIA.

NO HAY UNA ENTIDAD QUE ESTÉ OBSERVANDO EL PENSAMIENTO -

ESTAMOS ADOCTRINADOS Y NOS DEJAMOS ARRASTRAR POR LAS PROGRAMACIONES. VIVIR LIBREMENTE, SIENDO DUEÑO DE UNO MISMO, ES NO DEJARSE LLEVAR NI POR PERSONA. NI SITUACIÓN ALGUNA - SABER QUE NADA NI NADIE — TIENE PODER SOBRE UNO NI SOBRE SUS DECISIONES. (D.M.) - LO QUE HACES COMO HÁBITO Y NO PUEDES DEJAR DE HACER PORQUE TE DOMINA, TE HACE DEPENDIENTE, ESCLAVO DE LO QUE — CREES — PORQUE TE LO HAN PROGRAMADO - (D.M.) — NO HAY UNA ENTIDAD QUE ESTÉ OBSERVANDO EL PENSAMIENTO - (K.) — LAS CREENCIAS PUEDEN CAMBIAR — (D.M.)

—SABIENDO QUE LA PRUEBA DE VUESTRA FE — PRODUCE PACIENCIA - (SANTIAGO) LOS DEVOTOS DE KRSNA NO TIENEN DESEO MATERIAL ALGUNO, Y, POR LO TANTO, DISFRUTAN DE UNA PAZ PERFECTA VÍCTIMA DE LOS SENTIDOS, A CAUSA DE LA AGITADA MENTE. PARA DESPERTARSE, — EL ÚNICO CAMINO ES LA OBSERVACIÓN. CUANDO UNO ESTÁ CONSCIENTE DEL CUERPO MATERIAL ACTÚA SÓLO PARA EL GOCE DE LOS SENTIDOS, PERO CUANDO UNO TRASLADA LA CONCIENCIA HACIA KRSNA, EL GOCE DE LOS SENTIDOS CESA AUTOMÁTICAMENTE ... CIRCUNSTANCIAS NATURALES NO PUEDEN AFECTARLO -

Ésta es su descripción grafonómica así como la correspondiente aproximación interpretativa desde el terreno de la grafopsicología.

1. **Valoración holística:** Escritura ambientada en irregularidades y *falta de amonía*, fundamentalmente en su vertiente dinámica y a pesar de la estructuración de las letras formalmente estables (a excepción del tamaño) mediante el uso generalizado de mayúsculas. *Nivel de forma (formniveau) impedido* por una expresión gráfica que delata una lucha evidente (y frustrada) por mantener la coherencia en la dirección-orientación de las líneas. Dinamismo intenso pero disarmónico y refrenado por la forma y la orientación espacial de las líneas (mayúsculas, puntuación en forma de círculos, imbricación descendente en las líneas…).

2. **Especies o escrituras-tipo implicadas:** Escritura *inclinada*, uso generalizado de *mayúsculas*, puntos de la «i» *circulares*, dirección

u orientación de las líneas irregular: *descendente-ascendente-descendente* (en distintos grados), escritura *imbricada descendente* (escalera descendente), escritura *sinuosa,* escritura *yuxtapuesta,* tamaño irregular, escritura *subrayada,* velocidad estimada *lenta-mesurada,* escritura *concentrada,* relleno de espacios mediante guiones arqueados y adaptados al espacio a cubrir, *temblores,* comas y paréntesis *hundidos* en la zona inferior, algunos trazos finales de dirección descendente…

3. **Dominantes:** Los aspectos dominantes en el correlato grafonómico descrito respecto a esta escritura son, obviamente y en primerísimo lugar, la *irregularidad y bipolaridad en la orientación espacial de las líneas* así como su condición de *escalera descendente,* el uso de *mayúsculas* feminizadas (círculo en los puntos de la «í», presencia gráfica del ánima) y *el relleno de espacios* mediante guiones.

Naturalmente, el ingrediente principal, determinado por las especies y rasgos dominantes en esta constelación de elementos grafológicos sobre los que basar el psicoanálisis de esta escritura, está en el desequilibrio anímico que manifiestan las líneas, elemento esencial del estatus anímico del escribiente. Esta dislocación de las líneas, muestra por tanto la bipolaridad anímica a la que el escribiente se halla sometido (excitación, manía vs depresión-agotamiento-hundimiento anímico) tanto derivada de la dinámica «natural» de su problemática psíquica, como, suponemos, por el uso de la medicación antipsicótica.

La imbricación o escalera descendente muestra el esfuerzo o resistencia consciente del yo frente a la tendencia psicopatógena al *abaissment du niveau mental* (Pierre Janet), que posibilita el acceso y el protagonismo de contenidos y determinaciones inconscientes, gráficamente representados por la zona inferior y en la propensión-inclinación-preferencia del decurso gráfico hacia ésta.

Asimismo, la utilización de las mayúsculas es un intento-estrategia de control y reflotamiento por parte del sujeto frente a su trastorno. Las mayúsculas a menudo son un intento fundamentalmente inconsciente de inhibir las manifestaciones de la *sombra* personal, es decir, de la conflictividad intrapsíquica que el escribiente pretende eludir, ignorar o, al menos, atenuar. En definitiva, el uso de mayúsculas supone una mayor contribución de la consciencia, y por tanto del yo, al acto escritural (en detrimento de la espontaneidad inconsciente); una consciencia y un yo debilitado y amenazado por la psicosis latente o manifiesta.

Los círculos de las «íes», en el contexto presente, contribuyen poco a la estabilidad y al anclaje en la realidad, si tenemos en cuenta una de sus posibles y frecuentes atribuciones grafopsicológicas, esto es, una «tendencia a darle importancia máxima a cosas mínimas» (Allende), característica de personas que ven magnificados los «hechos-pensamientos-emociones», etc. Estos puntos, además de estar formalmente magnificados, están altos, lo que en el ambiente gráfico que estamos tratando podría indicar no sólo una posición idealista a ultranza, sino una virtual propensión a la desconexión con la realidad mediante una imaginación potencialmente obsesiva, «circular» (la zona media es el asiento gráfico-espacial del yo, también de la conducta gráfica propiamente dicha y una representación caligráfica de la realidad cotidiana).

La sinuosidad de esta escritura (palabras onduladas o serpentinas) es un síntoma más de la inestabilidad anímica y psicológica del sujeto escribiente. Otro signo presente en este universo escritural, a mi juicio, muy significativo, es el «taponamiento» de los espacios mediante guiones. Parece que el escribiente «pretende» no dejar espacios «libres»; espacios libres que para un sujeto psicótico representan una amenaza crepuscular, una «puerta» por donde podrían colarse inoportunos y angustiantes contenidos perturbadores para la consciencia, una consciencia cercada, un yo amenazado desde dentro, aun cuando para el paciente sus alucinaciones auditivas provengan del exterior; efectivamente provienen del exterior, pero *sólo* del exterior respecto a su consciencia (debido a la disociación psicológica), esto es, de lo inconsciente.

Esta escritura muestra una consciencia alerta y en lucha contra un sombrío destino que amenaza la individualidad e integridad espiritual del escribiente.

La base neurobiológica de la reactividad a los estímulos del tipo *psicótico* (H. J. Eysenck plantea tres dimensiones fundamentales en su modelo o sistema PEN a la hora de tipificar la personalidad de los individuos: *extraversión/introversión, neuroticismo/estabilidad y psicoticismo/*

control de los impulsos) y su falta de control consciente característico, consiste en:

> [...] una baja actividad serotoninérgica, que hace que tanto los altos en neuroticismo como en extraversión se vuelvan hipersensibles a la estimulación relevante en cada caso (premios o castigos). De esta manera, incluso estímulos de baja intensidad provocan una respuesta. El resultado es una labilidad emocional (altibajos), característica de los individuos descontrolados e impulsivos.
>
> DEPUE, 1996

El logotipo de El Corte Inglés consiste en un triángulo cuyo ángulo más agudo está orientado a la derecha semejando por tanto la punta de una flecha y, por consiguiente, evocando la imagen de una flecha que apunta en esa dirección.

La escritura, que se halla enmarcada por el triángulo, presenta una tipología ligada, caligráfica y presenta la condición, según el parámetro orden, de escritura concentrada (menor espacio entre palabras del que se considera básico, esto es, el ancho de una «m» de esa escritura).

Ya hemos dicho que la orientación espacial «a la derecha» se correlaciona con una orientación personal proclive a la comunicación, la extraversión, la «conquista de los demás», el futuro… y en definitiva, con la idea-mito occidental de progreso y desarrollo.

La angulosidad dextrógira del triángulo aporta una representación mental más, la de la visión penetrante (estructura geométrica gladiolada o decreciente), energía y «agresividad» (en este caso comercial); una idea-imagen de conquista, persuasión y vocación de liderazgo.

El triángulo sugiere una empresa esencialmente concebida y dirigida a través de un espíritu (sí-mismo) eminentemente masculino. Las formas angulosas y dinámicas son características gráficas de la energía masculina, de aquello que penetra inflexible e impone su criterio.

139

Sin embargo y como contrapunto, las letras que encontramos dentro del triángulo presentan una configuración formal redondeada o curvilínea, precisamente el componente gráfico que corresponde a lo femenino, aquello que se amolda, acomoda, recepciona, gesta y alumbra.

La escritura concentrada es un fenómeno grafológico concomitante a sujetos sociables y especialmente dedicados a las tareas que tienen por delante. Este signo se interpreta como una tendencia al aprovechamiento del tiempo y en general de los recursos de que dispone el sujeto, dinero, capacidad, etc. Por contraposición con su especie escritural antónima, es decir, la escritura espaciada, típica de sujetos individualistas e independientes, la escritura concentrada sugiere una integración interdependiente con el medio social. La superestructura, el triángulo (la empresa) es regentada por un «espíritu masculino» pero desarrollada en sus aspectos cotidianos y formales a través de un «espíritu femenino», a través de la receptividad, cortesía, cordialidad, flexibilidad, el ambiente familiar y acogedor, la atención solícita… El acoplamiento creativo o creador de lo masculino y lo femenino en ambos componentes logotípicos es psicológica y comercialmente fecundo y productivo; de ello brota la prosperidad creativa de una empresa en plena expansión.

Grafismo espaciado del político y expresidente de la República de Portugal Mario Soares. Soares fue premio Príncipe de Asturias de Cooperación Internacional en 1995. Como vemos, es el apellido el que resulta subrayado, lo que pone el acento e importancia en el relieve que para él tiene el mundo social y político, representado en la firma por el apellido (el nombre está mayormente asociado a la intimidad familiar). El espaciado es signo de independencia de criterios, de claridad y perspectiva de visión y de amplitud. En contextos gráficos inarmónicos y poco diferenciados, puede ser una expresión de angustia y de falta de integración social.

Grafismo concentrado del político e intelectual español Enrique Tierno y Galván. La escritura espaciada se caracteriza por un espaciado inferior al tamaño de una «m» del propio grafismo entre palabras. Este signo traduce cercanía a los demás, concentración y entrega a las tareas, accesibilidad…

Capítulo 5

ORIENTACIÓN ESPACIAL, ORDEN Y CONTINUIDAD

Ser persona es una evolución, una autorrealización que aumenta.
Este yo mismo (sí-mismo) existe ya en su bosquejo; e
n su estructura, tiene ya desde un principio
una cualidad determinada como la tiene el carácter.
MAX PULVER

Las coordenadas simbólico-espaciales, tanto de la escritura y estructuras gráficas como del asiento contextual donde se inscriben dichas estructuras, dependen de un conocimiento elemental de la significación arquetípica que tienen las distintas representaciones gráficas y su orientación espacial.

La orientación y características de la línea escritural, y por extensión de la base de cualquier estructura gráfica, reviste una importancia capital a la hora de representar las condiciones anímicas y la condición afectivo emocional del escribiente en el caso de escrituras manuscritas espontáneamente configuradas, y de evocar o suscitar en el destinatario una constelación emocional determinada en el caso de la creación y diseño gráfico.

La dirección de la línea resulta un indicador exquisito de la condición anímica. La incapacidad de sostener la horizontalidad de la línea en escrituras descendentes equivale casi matemáticamente a un estado de ánimo negativo, depresivo, melancólico, de desaliento o eventualmente sintomático de cansancio o fatiga. Así, las escrituras de dirección descendente indican en general, y cuando se dan con otros signos

143

grafológicamente concomitantes, que la voluntad ha sido quebrantada circunstancial o sostenidamente vencida por un peso psicológico emocional no llevadero (si este fenómeno se da en la firma, la significación apuntada adquiere un carácter superlativo).

Las escrituras de dirección u orientación espacial moderadamente (menos de diez grados) ascendente significan una voluntad fuerte y optimistamente impulsada. El escribiente, en este caso, hace frente a los contratiempos y circunstancias adversas con un ánimo positivo y con el poder de una voluntad soberana al servicio de los intereses del yo.

La línea horizontal es la expresión neutra del autocontrol, la sobriedad anímica y la consistencia conductual.

Otras opciones fenomenológicas que se dan en las escrituras manuscritas respecto de la línea escritural son las ondulaciones y la sinuosidad de ésta. En el primer caso, la escritura ondulada o serpentina, cuando esta ondulación es moderada, supone una evidente correlación positiva y viene a ser una de las expresiones gráficas habituales de un ánimo amoldable y adaptativo. La línea ondulada traduce emotividad, sentido del humor y, en combinación con especies gráficas favorablemente aspectadas (progresivas), aquello que los franceses denominan *savoir-faire*.

La escritura manuscrita sinuosa consiste en una ondulación no sólo de la línea como conjunto, sino de la palabras. La especie sinuosa es un signo de inestabilidad y de falta de equilibrio.

TIPOS HABITUALES DE LÍNEA

- Línea horizontal -

- Línea ascendente -

- Línea descendente -

- Línea imbricada ascendente -

- Línea imbricada descendente -

- Línea ondulada o serpentina -

- Línea sinuosa -

- Línea de finales caídos -

- Línea convexa o abobedada -

- Línea cóncava -

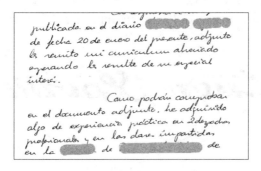

Escritura sinuosa y ambivalente de inclinación; corresponde a una persona emotiva e inestable, con fuertes altibajos y reacciones irreflexivas e impredecibles.

Esta escritura presenta una dirección de líneas ascendente, característica de un estado de ánimo favorable, positivo, de confianza y optimismo.

El cartel que anuncia el Alfa Romeo 156 utiliza de manera grafológicamente certera la direccionalidad espacial a través de una arquera que, para significar el eslogan de éste «La evolución de la tecnología», apunta una flecha al cuadrante superior derecho de la página, es decir, simbólicamente al futuro y más concretamente a un futuro deseable y prometedor.

A dicho cuadrante corresponden representaciones relacionadas con las aspiraciones hacia lo óptimo y lo deseable, las ambiciones y conquistas de un mundo, Occidente, que gravita en torno al mito del progreso.

El «Alfa 156», ubicado en la zona media o parte central del cartel (ámbito del yo) y proveniente de la zona superior (zona de lo ideal), dirige su delantera hacia la izquierda (al sujeto potencialmente interesado), hacia la arquera que es asimismo una representación del impulso y ambición de progreso del yo, en definitiva del cliente.

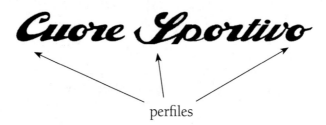

perfiles

Las palabras «cuore sportivo» del logotipo de Alfa Romeo utilizan una tipología cursiva, ligada, caligráfica, redondeada (curvilínea) e inclinada y evidentemente armoniosa. Se acompaña al sentido semántico de dichas palabras (corazón deportivo) un significado grafológico análogo, esto es, las especies que concurren en esta escritura son perfectamente compatibles, en cuanto a su significación grafológica, con lo que dicen. Extraversión, afectividad (escritura inclinada), pensamiento lógico, solidaridad, comunicación (escritura ligada), sociabilidad, tradición, asunción adaptada de costumbres y ritos sociales (escritura modélica de formas caligráficas). La inclinación axial de las letras crea una sensación de dinamismo, de rapidez, de fluidez y progresión del trazado cuya significación grafológica es la fluidez del pensamiento, la vivacidad mental, la capacidad de pronta reacción, la jovialidad y el dinamismo actitudinal.

El grosor del trazado de las letras, alternante entre plenos y perfiles (trazos descendentes o de acción de los músculos flexores llamados *plenos* y los trazos ascendentes o de acción de los músculos extensores llamados *perfiles*) es un buen indicador de equilibrio psicofísico así como de sensibilidad.

Esta otra imagen publicitaria correspondiente al tríptico publicitario de un banco español (Banco Bilbao Vizcaya) maneja la misma simbólica que el ejemplo anterior. El «blanco» se encuentra en la cara excelsa del futuro, zonalmente representable en la parte superior derecha del espacio gráfico.

Francisco Viñals y M.ª Luz Puente, en su obra sobre grafología y análisis transaccional *Psicodiagnóstico por la escritura* señalan que «aunque inconscientemente no nos damos cuenta, estamos trasmitiendo gráficamente sobre el papel los mismos registros internos que nos condicionan la comprensión de las coordenadas espacio, tiempo y movimiento».

El caracterólogo e importante grafólogo alemán L. Klages considera la ascensión de las líneas como un movimiento de extensión de los miembros nacido de un estado afectivo al que llama *elación* opuesto al ánimo depresivo.

> [...] la línea ascendente indica ya una excitación de gozo, ya entusiasmo, felicidad y alegría desbordante; cuando aparece continuamente en la escritura, revela disposición a la euforia y la tendencia permanente del escribiente a ver todo de «color de rosa», o quizá todavía una inclinación a adoptar una concepción optimista del mundo (el «Eukolos» de Schopenhauer). [...]
>
> La explicación oportunamente omitida, de que la extensión de los dedos puede expresar el estado de quien se esfuerza en alcanzar un fin, resulta evidentemente válida para la extensión del brazo hacia delante, si se piensa una vez más en el movimiento prensil. El que persigue algo extenderá infaliblemente el brazo en la dirección de este fin, que desde el punto de vista del simbolismo espacial se encuentra fuera del objeto, y cualquiera sea la actividad extenderá el brazo más de lo necesario.
>
> L. KLAGES
> *Escritura y carácter*

El orden como parámetro grafológico, está especialmente indicado para pronosticar el grado de claridad conceptual, de organización psicológica y de objetividad con que se maneja el sujeto escribiente (las desproporciones gráficas, por ejemplo, son signos de subjetividad excesiva).

Escritura de jambas desproporcionadas, regresivas (en forma de ocho) e infladas. La letra «R» presenta inflacción grafológica. Desproporciones, en definitiva.

Naturalmente, esto únicamente resulta posible en escrituras que hayan alcanzado un mínimo de soltura y habilidad escritural y que denominamos escrituras organizadas (en mayor o menor medida).

A partir de un nivel básico de organización que presupone la habilidad psicomotriz para el ejercicio caligráfico, las escrituras evolucionan con la ejercitación y sobre todo y fundamentalmente con el desarrollo de la personalidad.

Así, las escrituras evolucionadas y en correspondencia con un desarrollo psicológico significativo de la personalidad, se caracterizan principalmente por su originalidad y grado de diferenciación (individuación). Son escrituras que tienden a la simplificación de las formas y a la articulación creativa y propia de los enlaces entre caracteres (escritura combinada).

De lo dicho se desprende que las escrituras inorganizadas no resultan grafológicamente interpretables. Al menos en la medida en que esta disciplina aspira a penetrar. Y esto es así debido a que los rasgos y fenómenos gráficos observables en este tipo de escrituras son debidos a la torpeza e inhabilidad gráfica y no a una exteriorización proyectiva de actitudes conductuales análogas a la psicología del sujeto.

Esta escritura pertenece a una persona internada en un sanatorio psiquiátrico. Aunque rondaba los treinta años, su escritura muestra una caligrafía inorganizada que manifiesta la inhabilidad escritural del sujeto; curiosamente rubrica tres veces, una tras el texto-dedicatoria y las otras dos bajo el nombre y bajo el apellido. La tendencias regresivas hacia la izquierda o hacia atrás del grafismo son evidentes y sintomáticas de la falta de progresión de la libido. Josué hacía unos curiosos dibujos, sumamente simples y estereotipados a los que denominaba con orgullo «arte llamático», porque decía que «llamaban la atención».

Dos muestras de «arte llamático» en homenaje a Josué Silva.

La caligrafía en la publicidad

Los anuncios publicitarios utilizan caligrafías manuscritas con un alto grado de diferenciación y soltura (ricas en *formniveau*) como un signo de elegancia, personalidad y distinción.

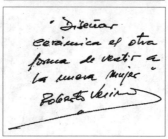

El grafismo de Roberto Verino estampado en el diseño de esta página publicitaria con la finalidad de aportar una pincelada de elegancia y distinción, es una escritura que podemos considerar desde la óptica grafológica como progresiva, inclinada, decreciente o gladiolada, en guirnaldas aunque con un arranque inicial en arcada (letra «m» cuando es inicial), redondeada, de dirección moderadamente ascendente, agrupada, filiformidad final en la firma, moderadamente dinámica, armoniosa…

En definitiva, es un grafismo positivamente aspectado y que aporta al anuncio publicitario un elemento personal muy directo, como es la propia caligrafía, dotándolo de proximidad, autenticidad y diferenciación.

151

El grafoanálisis de esta escritura traduce, entre otras considera-ciones, una personalidad penetrante e incisiva (escritura decreciente o gladiolada), extravertida y comunicativa (inclinación dextrógira y escritura redondeada), cordial y sociable (rúbrica sellada con dos rayi-tas) aunque con una actitud inicial reservada y hasta tímida (guirnalda con arcada como trazo inicial), satisfecha de sí misma (firma-rúbrica sencilla, legible y con las mismas variables que el texto), equilibrio psicofísico y fortaleza (presión nutrida), persistencia y voluntad de do-minio (barras de la «t» nutridas, firmes, y en golpe de sable regresado).

Este restaurante utiliza una curiosa tipografía personalizada en la que predominan las hampas y las jambas (crestas y pies). Las letras que tienen prolongaciones fuera de la zona media se denominan letras ex-teriores (la zona media es considerada el interior de la escritura).

Las hampas manifiestan a menudo representaciones ideales pro-yectadas de los procesos psicológicos superiores, pensamiento, me-moria, imaginación… y también del peso e influjo que las representa-ciones colectivas tienen y ejercen sobre el yo. Las hampas son los con-tenidos y manifestaciones dinámicas de la zona superior vista desde la perspectiva del propio grafismo.

152

Las jambas, como contrapunto de las representaciones proyectadas en las hampas, pertenecen al dinamismo de los procesos que tienen lugar por debajo del umbral de la consciencia, esto es, del inconsciente. Son la expresión gráfica de los procesos instintivos y somáticos. Corresponden al ámbito simbólico de lo material. El potencial psicofísico, la sexualidad, el soporte constitucional sobre el que descansa el yo, lo ctónico (relativo a las divinidades infernales en la mitología) y telúrico, lo abismal y lo visceral... tienen su ámbito preferente, aunque no exclusivo, en la zona inferior.

Las escrituras poco dinámicas cuyo predominio de la zona media es consecuencia de la atrofia gráfica de hampas y jambas, significan a menudo un miedo a las alturas y profundidades de la vida (Pulver), es decir, un acomodamiento existencial ajeno al arriesgado apasionamiento que las grandes demandas que el sustrato inconsciente de la vida psíquica e instintiva puede suscitar en el sujeto.

El grafoanálisis del rótulo publicitario de este restaurante nos sitúa ante una imagen gráfica apologética del placer; un grafismo de correspondencias hedónicas grafológicamente evidentes. La escritura elegida para este rótulo, perfectamente alineada con el significado de la palabra, nos está invitando a ser consecuentes sin restricciones con nuestras demandas pulsionales e instintivas.

Max Pulver, en *El simbolismo de la escritura,* se extiende en cuanto a las correlaciones de significado de las prolongaciones en la zona inferior —es decir, de las jambas— con estas palabras:

La amplitud de las prolongaciones inferiores muestra la viveza en este dominio, cuya materia consiste, según el apilamiento de capas en lo material, lo físico, lo instintivo, lo sexual o lo no-consciente, y, por lo tanto, lo inconsciente.

Comencemos por lo físico; demuestra la observación que la extensión de tamaño aumenta con la actividad corporal viva, sobre todo cuando se hace mucho uso de las piernas como al andar, en muchas clases de deporte, etcétera; tanto la vida sedentaria como guardar cama mucho tiempo reducen esta zona. [Alexis Muenier encuentra una correspondencia entre las prolongaciones inferiores de las letras y las escrituras de corredores].

La capa material entra del mismo modo en este simbolismo. El que tiene una orientación predominantemente financiera o realista posee un aumento acentuado de la zona inferior en comparación con la superior. Tenemos un ejemplo ilustrativo en la escritura clásica de comerciantes y personas de otra clase y profesión, que tienen una orientación hacia lo material.

Es decisivo, por de pronto, para el grado de materialidad, de forma exclusiva, la amplitud de las prolongaciones inferiores, que a menudo penetran profundamente en otras líneas. Si a esta amplitud se une cierta presión, tendremos un rasgo vital cuya interpretación sería: interés material a base de necesidades físicas y materiales.

Progresando más en la estructura de la zona inferior (de la profundidad) se manifiesta, respecto al complejo erótico-sexual, una tendencia hacia abajo que admite muchos significados. El concepto general y superior es que se trata de una dependencia de lo no-consciente (subconsciencia e inconsciente) y de la potencia y preponderancia de éste (si en la zona superior se encuentra reducida).

Dependen, por ejemplo, de su vida instintiva el soñador y, en cierto modo, en general, cada hombre que no conoce sus impulsos con su oscuro origen. Hay personas que sacan de este abismo su fuerza creadora. [El reino de Perséfone-Proserpina]. Otros sienten esta tendencia enigmática hacia abajo, y atraídos por movimientos inconscientes, titubean o se lanzan en esta profundidad. Así se expresa la «nostalgia de la ciénaga» en el propio interior; va unido a esto, además una clase determinada de melancolía, una dependencia de la propia profundidad, que actúa como paralizando las alas, y que se expresa por la caída de partes de letras desde la zona de «i» [zona media para Pulver] a la región inferior.

Para la interpretación diferencial es muy importante la circunstancia de si estas formas se dirigen con un trazo esbelto y seguro hacia abajo de la línea –como en el ávido de dinero o en el individuo de impulsos fuertes que conduce la primera parte de las mayúsculas indebidamente al dominio de su predilección– o si cuelgan estas formas en cierto modo inertes y sin voluntad.

El hecho de colgar simboliza la dependencia del campo hacia el que vierten las formas. Así escribe el desanimado, el entregado a sus impulsos, el que está fascinado por el abismo; no se trata aquí de una orientación hacia abajo, sino de un caerse a fondo.

154

El afán de penetrar hasta el fondo hemos de separarlo de la impulsión hacia el abismo; el hombre sólido tendrá tendencia a producir prolongaciones de igual extensión. […]

Una persona concienzuda no puede tener las prolongaciones inferiores demasiado cortas, lo que causaría la impresión de un bosque cuyas raíces quedan superficiales.

La firma del poeta, dramaturgo y escritor español Antonio Gala. Las jambas profundas muestran las «inmersiones» al fondo de las cosas de este pensador extraordinario; aquí haríamos buenas las palabras anteriormente recogidas de Max Pulver: «Hay personas que sacan de este abismo su fuerza creadora… […] El afán de penetrar hasta el fondo hemos de separarlo de la impulsión hacia el abismo; el hombre sólido tendrá tendencia a producir prolongaciones de igual extensión. [Podría ser «tipografía»…] Una persona concienzuda no puede tener las prolongaciones inferiores demasiado cortas, lo que causaría la impresión de un bosque cuyas raíces quedan superficiales».

El grafismo de Victor Hugo, dinámico, progresivo, individuado…, muestra la profundidad de relación con el inconsciente creador, sugieren una secreta conexión anímica con el Eros vital, una relación productiva con las raíces de lo humano, hondamente arraigadas bajo el subsuelo de la conciencia crítica. «[…] la verdadera persona profunda, es decir, lo espiritual-existencial en su dimensión profunda, es siempre inconsciente» Víctor E. Frankl.

En la obra de Tolkien llevada al cine, *El Señor de los anillos,* vemos, como la escritura del Señor Oscuro, Sauron, inscrita en el peligroso anillo que seduce a todos cuantos a él se aproximan con su voluntad de poder y dominio, abunda en una tipología de jambas prolongadas de final acerado y de dirección sinistrógira, regresiva. Esta tipología grafológica de las letras inscritas en el anillo pone de manifiesto la personalidad y oscuros intereses de Sauron, su siniestro creador.

Otra de las variables grafológicas del orden es la noción de claridad frente a confusión. Este fenómeno gráfico no se refiere, como muchos alumnos de grafología confunden en sus primeras aproximaciones a la escritura, a la mayor o menor legibilidad, sino, fundamentalmente, al adecuado espaciamiento entre líneas, palabras y letras. Cuando este espaciamiento se corresponde con lo que denominamos escritura clara, decimos que el aire circula entre las líneas (Matilde Ras). En las escrituras claras, las líneas mantienen un espacio exterior (arriba y abajo) propio y libre de perturbaciones. Un espacio que el escribiente ocupa y distribuye de acuerdo a sus tendencias y tensiones internas.

Podría ser «tipografía» Por el contrario, una escritura confusa es aquélla cuyas líneas se encuentran saboteadas por las jambas de la línea precedente y por las hampas de la línea consecuente. En los últimos años y a nuestro juicio, se ha venido abusando, por parte de muchos diseñadores y publicitarios, de la escritura confusa, esto es, de rozar y a veces de entremezclar las letras, las palabras o las líneas de la escritura.

Grafológicamente, esta especie gráfica, cuando es un fenómeno espontáneo en escrituras manuscritas, se correlaciona con una falta de claridad conceptual, un insuficiente desarrollo de la personalidad (falta de individuación) y una distribución defectuosa de recursos (tiempo y espacio).

Si a esta fenomenología, en la elaboración de anagramas, añadimos la mezcla o interversión de mayúsculas con minúsculas dentro de las palabras, estamos ante grafismos que traducen indiferenciación, esto es, la desindividuación que acompaña a las actitudes sociales que entrañan falta de criterio propio y, a menudo, oposicionismo sistemático.

Un fenómeno social que desde hace algunos años me llama la atención es la subversión de los valores, tan característica de las generaciones jóvenes de toda época, en este caso mediante el uso de atuendos que rompen con las prescripciones estilísticas clásicas, como es poner faldas encima de los pantalones, usar una media como manga, etc.

Hasta aquí todo perfectamente predecible y justificable. Ahora bien, resulta sociológicamente muy sintomático, a mi modo de entender, que se lleven prendas de vestir, especialmente pantalones varias tallas por encima de la que se ajustaría a las propias medidas. Este detalle, aparentemente inocuo y típicamente juvenil, supone una manifestación grupal de uniformidad desindividualizadora; la irrupción de un gesto inconsciente colectivo que pone de relieve una carencia de singularidad y diferenciación. Es como si los jóvenes, «capturados» por dicha moda, estuviesen diciendo «vamos a singularizarnos colectivamente, desingularizándonos» o «no llevo la ropa (actitud) que se ajusta a mi talla (idiosincrasia) sino cualquier otra donde mi forma se pierda o diluya».

La cualidad gráfica, antes mencionada, de algunas escrituras (confusa o interversión mayúscula-minúscula), a mi juicio una manifestación colectiva más del *zeitgeist* o espíritu de la época (de la nuestra), está relacionada con el notable incremento de los síntomas neuróticos en las sociedades actuales, debido, entre otras causas, a una deficiente comunicación (relación) del hombre actual con el sí-mismo arquetípico, base y fundamento de la propia individualidad, pues es desde esta dimensión de la personalidad desde donde resulta posible y necesario dotar de sentido y significado a la propia existencia (el sí-mismo no sólo es el arquetipo de la totalidad, sino también del significado).

Cuando se ha polarizado toda la vida (como ocurre hoy) sobre el dominio del conocimiento racional, de la técnica y de la organización, un desasosiego interno esencial, incomprensible para la razón, se instala en el núcleo del hombre, en su individualidad creadora.

KARLFRIED GRAF DÜRCKHEIM

La neurosis supone un:

Estado de desacuerdo consigo mismo originado por el antagonismo de necesidades impulsivas y las exigencias de la cultura, por enojo infantil y la voluntad de adaptación, por deberes individuales y colectivos. La neurosis constituye un signo de detención ante un falso camino y una advertencia de la necesidad de un proceso curativo personal. […] La perturbación psíquica es una neurosis, y la neurosis como tal, puede concebirse como un acto fallido de adaptación. Esta formulación [corresponde] a la idea de Freud de que una neurosis en cierto sentido representa un intento de autocuración. […] La neurosis es siempre un sucedáneo del auténtico sufrimiento.

C. G. JUNG

No se puede jugar con el espíritu de la época, pues constituye una religión, más aún, una confesión o un credo, cuya irracionalidad no deja nada que desear; tiene, además, la molesta cualidad de querer pasar por el criterio supremo de toda verdad y la pretensión de detentar el privilegio del sentido común.

El espíritu de la época escapa a las categorías de la razón humana. Es un *penchant*, una inclinación sentimental que, por motivos inconscientes, actúa con una soberana fuerza de sugestión sobre todos los espíritus débiles y los arrastra.

C. G. JUNG
Los complejos y el inconsciente

Esta carta manuscrita fue escrita por un sujeto anónimo y remitida al abogado que defendía a un joven acusado de haber propinado un golpe a una chica y, como consecuencia, haberla dejado ciega. La carta se publicó en la prensa asturiana. El grafismo es evidentemente inarmónico y de bajo nivel de forma; es una escritura confusa (se mezclan hampas y jambas), desordenada… En conversación con un alto representante de un cuerpo policial local, supe que existían otros anónimos de unos años atrás con una grafonomía homóloga a ésta, y que protestaban de modo insultante y vejatorio contra distintas personas y eventos locales, lo que llevaba a la conjetura de que no se trataba de un pariente de la chica, sino de un individuo empeñado en manifestar de este modo su desacuerdo y oposición a cuanto no era de su agrado. El grafismo corresponde a un sujeto obsesivo, obstinado e impulsivo, contestatario y oposicionista (barras de la «t» ascendentes) intransigente y agresivo (escritura angulosa en un medio gráfico inarmónico)…, entre otras consideraciones.

jornaɒas ɢastronómɪcas ɒeʟ ꝑescaɒo ɒe roca

Del 18 al
30 de marzo | 2003

Mezcla e interversión formal de mayúsculas y minúsculas en las palabras. A nuestro juicio, esta modalidad introduce un elemento inarmónico que en las escrituras manuscritas es la expresión, muchas veces, de una carencia fundamentalmente afectiva y de un posicionamiento inadecuado frente a las circunstancias. Es también un signo impostor (de alguna impostura).

Este rótulo adolece de escritura confusa por la superposición de letras que dificultan la legibilidad del nombre. Grafológicamente reflexionado, este ejemplo ilustra la tendencia de muchos de estos establecimientos a uniformar los sexos «invadiendo» el territorio gráfico que representaría simbólicamente a cada uno de ellos de acuerdo a los roles que, tradicionalmente, se les ha venido atribuyéndo por separado.

Otra de las variables del orden interesantes de resaltar aquí es el criterio que diferencia las escrituras proporcionadas frente a las desproporcionadas. Las desproporciones gráficas corresponden a una psicología de subjetividad y falta de realismo y de autenticidad. Así, toda desproporción gráfica comporta un ingrediente de subjetividad que desvirtúa el realismo y la naturalidad con la que cabría esperar que actuase el sujeto escribiente.

La continuidad o cohesión del trazado marca la diferencia entre escrituras ligadas de origen cursivo frente a las escrituras desligadas, agrupadas, reenganchadas, fragmentadas, etc. Este parámetro descriptivo mantiene correlaciones con aptitudes lógicas, deductivas (caso de las escrituras ligadas o agrupadas) frente a lo intuitivo e ideativo (escrituras desligadas o yuxtapuestas). Los reenganches (falsas uniones), en general y salvo escrituras inorganizadas de personas sin formación gráfica, son signos de fatiga nerviosa o de problemas neurológicos relacionados con la psicomotricidad.

La escritura tipo que vemos en este rótulo salmantino es, desde el punto de vista de la cohesión, discontinuo por reenganchado. La diferencia entre este tipo de escritura y la discontinuidad característica y definitoria de la escritura desligada o yuxtapuesta es que, en este caso, el grafismo amaga con ligarse a la letra siguiente pero «no lo consigue»; el escribiente no logra mantener la tensión suficiente para dar continuidad al trazado.

El efecto psicológico de esta especie escritural, grafológicamente considerado, no es el adecuado. Manifiesta una carencia, una insuficiencia, una imposibilidad. Además, la escritura reenganchada trastorna el dinamismo del escrito, cuya fluidez es índice de naturalidad, espontaneidad e inteligencia (rapidez mental).

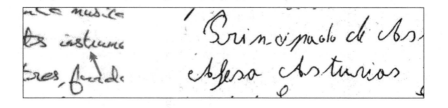

Éstas son dos muestras de escrituras reenganchadas, en distinta media, desde luego. La de la derecha es de un sujeto esquizofrénico y la otra de una persona sin este tipo de problemática.

El nombre de esta cervecería, La Tapadera, muestra una letra caída en la zona inferior, ladeada a la izquierda, esto es, con una inclinación invertida o sinistrógira. Ya hemos dicho en varias ocasiones que la zona inferior constela contenidos inconscientes y por consiguiente ocultos o no evidentes. De alguna manera, lo que «ocurre» (en cuanto a conducta gráfica se refiere) en esta zona pertenece al terreno de lo subliminal.

Evidentemente, la significación del hundimiento de la letra en la zona inferior hace justicia al nombre de la cervecería en cuanto a encubrimiento u ocultación. La zona izquierda, al igual que la inferior, comporta representaciones inconscientes relacionadas con las raíces del yo. A la izquierda del decurso gráfico se encuentra lo acaecido, el pasado, lo ya ocurrido; también la izquierda se relaciona con la interioridad, con el yo y su sustrato preconsciente (no olvidemos que la escritura consiste en la articulación reglada de un movimiento gráfico que va del yo –izquierda– al tú –derecha–), con la familia y la tradición y con los factores motivacionales que condicionan y determinan el estatus psicológico presente.

Capítulo 6

LA @: UN SIGNO DEL PASADO, UN SÍMBOLO DEL FUTURO

El símbolo vivo formula un fragmento inconsciente esencial,
y cuanto más universal sea la difusión de ese fragmento, tanto
más universal será también la acción del símbolo, pues roza
en cada uno la cuerda que le es afín.
C. G. JUNG

Cada hombre lleva en sí la forma entera
de la condición humana.
MICHEL DE MONTAIGNE

La @ (arroba) se ha convertido en un grafismo de uso indispensable en una época, la nuestra, marcada por la revolución de las comunicaciones que ha supuesto Internet. Este signo se ha convertido por derecho propio en un símbolo de la comunicación cibernética y por extensión de las prestaciones que ofrecen las nuevas tecnologías.

Antes de introducirnos en el análisis de la fisonomía de este signo y en la simbólica arquetípica de su curiosa estructura gráfica, hagamos un poco de historia acerca de la significación social e histórica que ha tenido.

La arroba comienza a utilizarse en la época de Huarte de San Juan, esto es, en el siglo XVI, en plena simbiosis cultural latino-musulmana, especialmente productiva en Andalucía. El médico navarro Juan Huarte de San Juan, considerado como un precursor de la psicología diferencial comparable al propio Galton, fue el primer autor a quien se atribuyen indicaciones grafológicas específicas en su obra *Examen de ingenios para las ciencias* (1575). Huarte de San Juan ejerció una notable influencia en el pensamiento médico-humanístico de su época, por lo que se le nombró patrón de la psicología. En *Psicodiagnóstico por la escritura,* Francisco Viñals y M.ª Luz Puente escriben de la grafología expuesta en la obra del médico ilustre:

> En su obra ya se exponía: «En la escritura se descubren las capacidades artísticas e imaginativas»; «De la buena letra no se infiere necesariamente una gran cultura, no es fácil «cambiar la letra» para despistar al grafólogo»; «La escritura deformada con relación al alfabeto aprendido inicialmente lo es por la fuerza del subconsciente y es la expresión de la personalidad de su autor»; «La escritura modélica no es exponente de una personalidad desarrollada»; «El cambio de escritura a efectos grafoterapéuticos exige mucha paciencia».
>
> Francisco Viñals y M.ª Luz Puente
> *Psicodiagnóstico por la escritura*

En la Edad Media, el signo de la arroba se utiliza como abreviatura de la preposición *ad* así como unidad de medida.

Cuatro arrobas constituían un quintal. El término proviene de la lengua árabe, *ar-roub* ó *ar-ruba,* que significa «cuatro». Era, por tanto, una unidad de medida para líquidos, tanto de peso como de capacidad; el peso variaba según las regiones y los líquidos. La expresión «por arrobas» también se ha utilizado en el sentido de «a montones» y «en gran cantidad».

La primera documentación escrita sobre este signo como unidad de medida se halla vinculado a las mercancías de las rutas trasatlánticas entre Sevilla y América. Se encontró en una carta enviada por un mercader italiano en 1536 (d. C.) desde Sevilla a Roma. En la década de 1790 en Francia y posteriormente en la mayoría de los países, fue aprobado y generalizado el uso del sistema métrico decimal, y este tipo de medidas, como la arroba, qudó en desuso, excepto en los medios rurales en los que se continuó utilizando de acuerdo con el valor tradicional que cada zona le venía otorgando.

En Estados Unidos, como habían hecho los andaluces, la arroba se utilizó como indicador del precio unitario. Si vendían 8 parcelas a 120 dólares cada una se indicaba «8 parcelas @ 120 $», y así en las máquinas de escribir de origen estadounidense el símbolo de la arroba ha estado siempre presente.

Como este símbolo no era susceptible de ser sustituido en su forma característica por ningún otro carácter en las máquinas de escribir, a pesar de su infrautilización se mantuvo en los teclados y de allí pasó a los teclados de los ordenadores. El primer juego de caracteres del lenguaje computacional ASCII (acrónimo de American Standard Code for Information Interchange; Código Normalizado Americano para el Intercambio de Información) ya incluía la arroba.

El término utilizado en español, arroba, no es el único que designa este signo, en otros idiomas la @ tiene otras expresiones que lo denominan, expresiones en general más descriptivas que el término «arroba». Así, en Francia se lo denomina *scargot* (caracol); en Italia, *chiocciola* (caracola); en Suecia, *alfaslang* (que se traduce por alfa manguera); en Noruega, *kanel-bolle* (bollo espiral); en Holanda, *apestaartje* (cola de mono); en Taiwán, *laoshuu de Sheau* (ratoncito); en Corea, *gol-baeng-i* (caracol acuático); en Rusia, *sobachka* (perro pequeño)...

Ray Tomlinson, el creador del *e-mail* y el primero en enviar un correo electrónico en 1971, utilizó la @ por dos motivos fundamentales: uno por lo inusual de su utilización, lo que garantizaría cierta exclusividad en su empleo, y dos por su significado en inglés como preposición «en», «a», «de», «por»... (*at*). Ray Tomlinson necesitaba intercalar un elemento gráfico entre el nombre de usuario y el del servidor. Así, la elección de la @ vendría a significar, en la dirección electrónica que Ray utilizó, «tomlinson AT bbn-tenexa» que, traducida al castellano dicha preposición, sería: «tomlinson EN bbn-tenexa», por tanto, «el usuario X» «se encuentra» o «está en» bbn-tenexa (el servidor).

Algunas tipografías representan la @ como dos pequeñas letras, la «a» y la «t» como un solo carácter. La @ se utiliza también para indicar la autoría intelectual de un documento «@ Manuel Moreno».

Hasta aquí, esta breve reseña histórica del signo de la arroba. Ahora bien, ¿resulta este signo susceptible de análisis grafológico? En primer lugar, cabe decir que la falta de familiaridad con este signo hace que normalmente se escriba con cierta dificultad y torpeza, especialmente las generaciones que no tuvieron instrucción alguna sobre esta figura singular.

La universalidad de este signo puede ser contemplada como la emergencia de un símbolo del inconsciente colectivo que apunta hacia el desarrollo de una nueva realidad psicológica y social, la globalización. Ésta puede ser entendida no sólo como un fenómeno sociopolítico facilitado fundamentalmente por el desarrollo de las comunicaciones y la tecnología computacional, sino también como una aspiración arquetípica ancestral hacia la unidad e integridad psicológica del individuo y, por tanto, hacia el propio proceso de individuación.

La individuación consiste en un proceso natural, una tendencia instintiva inherente a la psique humana en procura del desarrollo íntegro de la personalidad, una actualización permanente del sí-mismo o núcleo esencial de la propia identidad. En palabras de Carl Rogers:

> Todo organismo está animado de una tendencia inherente a desarrollar todas sus potencialidades, y a desarrollarlas de modo que favorezca su conservación y enriquecimiento.
>
> CARL ROGERS
> *Psicoterapia y relaciones humanas*

Jung escribe al respecto:

> La individuación es, en general, el proceso de formación y particularización de seres individuales y, en especial, el desarrollo del individuo psicológico como ser distinto de lo general, distinto de la psicología colectiva. La individuación es, por tanto, un proceso de diferenciación cuya meta es el desarrollo de la personalidad individual. La necesidad de la individuación es una necesidad natural,

en cuanto que impedir la individuación mediante normas inspiradas preponderantemente o casi exclusivamente en criterios colectivos significa perjudicar la actividad vital individual. Pero la individualidad está ya dada física y fisiológicamente y, en correspondencia con ello, también se expresa psicológicamente. Impedir esencialmente la individualidad significa, por tanto, producir de modo artificial una deformación. [...] La individuación se opone siempre más o menos a la norma colectiva, pues es separación y diferenciación frente a lo general, es formación de lo particular, pero no de una particularidad buscada, sino de una particularidad que ya está basada *a priori* en la disposición natural. [...] La individuación lleva, por tanto, a una estimación espontánea del valor de las normas colectivas, mientras que a una orientación vital exclusivamente colectiva la norma se le vuelve cada vez más superflua, con lo cual se arruina la auténtica moralidad. Cuanto más fuerte es la normatividad colectiva del ser humano, tanto mayor es su inmoralidad individual. La individuación coincide con el desarrollo de la consciencia a partir del originario estado de identidad. La individuación significa, por tanto, una ampliación de la esfera de la consciencia y de la vida psicológica consciente.

C. G. JUNG
Tipos psicológicos

La @ consiste en la superposición de un óvalo que abarca y envuelve otro óvalo. Este curioso trazado se ejecuta a partir del trazo final o escape de la «a» caligráfica mediante un movimiento sinistrógiro circular y completo que la «engulle». El signo resulta, desde el punto de vista de sus connotaciones simbólicas, sumamente sugerente.

Lo «redondo» es propiamente el gran tesoro que está escondido en la caverna de lo inconsciente y cuya personificación es precisamente ese ser personal que forma la unidad superior de la consciencia y lo inconsciente. Es una figura comparable al Hiranyagarbha, Purusha, Atman y al Buda místico. Por ese motivo he elegido para designarlo la expresión «el sí-mismo», entendiendo por ello una totalidad anímica y al mismo tiempo un centro, que no coinciden ambos con el yo, sino que lo incluyen, lo mismo que un círculo mayor incluye al menor.

C. G. JUNG
Los arquetipos y lo inconsciente colectivo

El doctor en Filosofía de Estudios Asiáticos del Claremont College, profesor de la Universidad Estatal de California, analista junguiano en Los Ángeles y sacerdote budista Mokusen Miyuki dice de la figura del Buda habitualmente representada en el diagrama de la rueda de la vida:

> El Buda sentado en el espacio del eje representa la esencia de Buda, el yo genuino, la personalidad total; es al mismo tiempo la capacidad para percatarse de este ser auténtico.

J. M. Spiegelman y M. Miyuki
Budismo y psicología junguiana

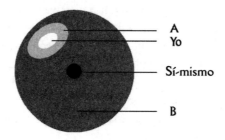

Este esquema sirve de ilustración al capítulo 3, «El proceso de individuación», del libro El hombre y sus símbolos *(ed. Paidós), realizado por varios discípulos notables de Jung y por el propio maestro. Ésta es la trascripción de la explicación del esquema: «La psique se puede comparar a una esfera con una zona brillante (A) en su superficie, que representa la consciencia. El ego es el centro de la zona (una cosa es consciente sólo si "yo" la conozco). El "sí-mismo" [Self] es, a la vez, el núcleo y toda la esfera (B)...».*

El uso, considerado inadecuado por los puristas de la lengua, de la @ con la finalidad de no discriminar sexistamente y designar lo masculino y lo femenino a la vez, basa su criterio icónico en la presencia de una «a» y una «o» superpuestas. En este sentido, el símbolo posee connotaciones andróginas. Este androginismo es un símbolo de totalidad o completitud.

Encierra una analogía con la conjunción mística y mitológica que representan las sizigias o uniones sagradas entre hermanos (hierogamia).

> [Los] emparejamientos de opuestos, en donde lo uno jamás está separado de lo otro, de lo opuesto. Es esa esfera de vivencias que lleva

inmediatamente a la experiencia de la individuación, del proceso de formación del sí-mismo. Se podrían aportar muchos símbolos de este proceso, sacados de la literatura occidental de la Edad Media y más aún de los tesoros de la sabiduría del Oriente, pero en este asunto las palabras y los conceptos, las ideas incluso, significan poco.

C. G. Jung
Los arquetipos y lo inconsciente colectivo

El desconocimiento general y la falta de familiaridad del hombre de la calle respecto del significado de la @ hace de este signo un símbolo. Un diferenciación interesante entre los conceptos de signo y símbolo la expresa Jung en *Tipos psicológicos*. En esta obra, el psicólogo suizo dice:

Una expresión que se emplea para designar una cosa conocida no pasa nunca de ser un mero signo y jamás un símbolo. Por ello es completamente imposible crear un símbolo vivo (esto es, un símbolo preñado de significado) a partir de conexiones conocidas. Pues lo creado de esa manera no contiene nunca más que aquello que dentro de él se ha puesto. Todo producto psíquico puede ser concebido como símbolo siempre que sea la mejor expresión posible en ese momento de una situación factual desconocida o sólo relativamente conocida hasta entonces, y siempre que nos inclinemos a admitir que la expresión quiere designar también aquello que sólo está presentido, pero aún no está claramente sabido. Toda teoría científica, en la medida en que incluye una hipótesis, esto es, una designación anticipada de una situación factual que en lo esencial es aún desconocida, es un símbolo. Asimismo es un símbolo todo fenómeno psicológico, si se supone que dice y significa más cosas y otras cosas que las que dice y significa y que se sustraen a nuestro conocimiento actual. Tal suposición es posible sin más en todos los sitios donde haya una consciencia cuya actitud se oriente hacia ulteriores posibilidades de significado de las cosas.

El símbolo de la @ manifiesta una totalidad que abarca los opuestos complementarios, masculino y femenino, ánima y animus, yin y yang. Es, por tanto, un signo de perfección, de cabalidad y de plenitud. La actitud que define este símbolo es el autocentrismo como manifestación de una personalidad diferenciada en su propia integridad. No obstante, un símbolo de totalidad como éste no puede por definición caer en la unilateralidad del significado y debe incluir un aspecto sombrío y desfavorable, el cual vendría a constituir su faz oscura y negativa.

> El lado oscuro del «sí-mismo» es lo más peligroso de todo, precisamente porque «el sí-mismo» es la fuerza mayor de la psique.
>
> MARIE LOUISE VON FRANZ
> *El proceso de individuación*

La dimensión negativa de este símbolo podría estar relacionada con el egocentrismo (también el etnocentrismo occidental), el aislamiento social y el encapsulamiento sensorial a que las pantallas de ordenadores y aparatos de TV condenan a muchos jóvenes. La @, vista desde esta dimensión negativa, sería también un símbolo de ocultamiento y reserva, falta de contacto y ausencia de cercanía (empatía) con el mundo, con la realidad sensorial inmediata.

La @, grafológicamente considerada, supone un movimiento gráfico autocéntrico que implica tanto una «no procedencia» como una «no continuidad», es decir, es un gesto gráfico atemporal; por decirlo de alguna manera, no tiene pasado (izquierda) ni futuro (derecha), aunque la letra «a» inmersa en el círculo mantiene una orientación espacial afín al sentido de la escritura. Este dato otorga a la @ un estatus especial que hace que su realización manuscrita resulte para el escribiente un cambio brusco en la fluidez del movimiento cursivo. Aunque una vez que se le coge el «tranquillo», resulta un trazado, y ahora hablo desde la plena subjetividad, de realización agradable.

Distintas tipografías dan cuenta de diferentes formatos para este símbolo.

@ Times New Roman @ AvantGarde @ *Lucida Calligraphy*

El formato grafonómico de la arroba en estos tres tipos de letra se caracteriza básicamente por una inclinación axial moderadamente dextrógira, una forma redondeada o curvilínea, casi redonda en el caso de la AvantGarde, con un evidente contraste de presión en el trazado de plenos y perfiles con la excepción de la AvanGarde, cuyo trazado presenta un grosor o calibre homogéneo.

Grafológicamente, estos valores o variables grafonómicas se correlacionan positivamente y se corresponden con una psicología adaptativa, extravertida, sociable y afectiva, comunicativa entre otras consideraciones.

@ Westminster

La arroba de este tipo de fuente, Westminster, es de un formato claramente diferente a las demás, empezando porque en este caso son dos cuadrados superpuestos y no dos círculos u óvalos. Desde la perspectiva simbólica, no obstante, ambos tipos de figuras geométricas arquetípicas tienen una significación análoga y en ciertos aspectos equivalente. Esta tipografía muestra un trazado con regruesamiento en determinadas partes del trazo, que recuerda en grafología a la especie fusiforme; la inclinación axial de las letras es vertical.

La psicología de las formas cuadradas, reforzadas por la perpendicularidad o verticalidad de las letras en la escritura, corresponde a actitudes rígidas y ceremoniales, frías, racionales y muy exigentes (superyó severo). En un sentido positivo, se puede ver en este formato una inclinación a la realización cabal y al perfeccionismo. El entintamiento fusiforme es contemplado en escrituras manuscritas como un síntoma patológico por Crépieux-Jamin; Max Pulver lo asocia con la sensualidad y la coquetería proveniente de la insatisfacción que busca.

@ Verdana @ Matura MT Script Capitals @ Viking

En este tipo de formato la arroba aparece redonda, vertical en Verdana e inclinada moderadamente en las otras dos. La tipografía Verdana muestra una continuidad no fluida entre el óvalo de la «a» y el inicio del círculo, lo que rompe la armonía del trazado. La Matura MT Script Capitals tiene un peso (subaspecto de la presión referido al grosor del trazo) muy nutrido.

Las escrituras redondas son la expresión habitual de una actitud acomodaticia que no asume riesgos, familiar y egocéntrica. Una superadaptación basada en el cobijo y la necesidad de sentirse protegido. En el caso de la arroba del tipo Verdana, el trazo de conexión entre la «a» y la «o» es rígido, anguloso, no fluido, lo que apunta a una relación inarmónica y poco creativa entre el yo y su sustrato inconsciente, entre ánima y animus. El rasgo final de la «a», que sirve de enlace rígido con la «o» o círculo rubrical envolvente, constituye una separación incomunicada entre ambas estructuras gráficas representacionales.

@ Impact

Esta arroba adolece de sobrealzamiento de la zona media circundada por un óvalo redondo. La inclinación es muy moderadamente inclinada y con un trazado de grosor homogéneo.

La dominancia del sobrealzamiento de la zona media es un signo grafológico que en escrituras manuscritas traduce sentimientos que el yo tiene sobre sí mismo, sentimientos de distinción, de orgullo; en determinadas escrituras y asociada a otros indicadores grafológicos, es un signo inconfundible de soberbia. La ligera inclinación a la derecha de la @ en claro contraste con la verticalidad y rigidez del resto de caracteres implica un no renunciamiento a la comunicación y el contacto afectivo con el tú, esto es, con los demás (zona derecha), aunque, eso sí, un contacto muy comedido y prudente, autocontrolado.

@ Mistral

La arroba de la tipografía Mistral es ligada, muy inclinada, más dinámica que las anteriores, angulosa, sinuosa y de inclinación ambivalente.

La @ en este tipo de escritura ligada muestra la inclinación del emotivo y del apasionado, también del irreflexivo y de quien siente necesidad imperiosa de contacto con los demás. La inclinación ambivalente, cierta sinuosidad en las palabras, la angulosidad de los enlaces y la convivencia entre signos de progresión y signos regresivos, sería interpretable grafológicamente como una caligrafía que exterioriza un conflicto interno en el sujeto escribiente.

La @, un símbolo renovado de totalidad y autocentrismo arquetípico, implica la unificación y complementariedad de los opuestos (ánima-animus a través de la denominada función trascendente); trascribo a continuación unas palabras tomadas del libro correspondiente a la asignatura Psicología Evolutiva I, volumen I, *Introducción al desarrollo,* a cargo de Antonio Corral Íñigo y Pilar Pardo de León, editado en 2001 por la Universidad Nacional de Educación a Distancia (UNED) para sus alumnos. Lo trascrito hace referencia al concepto de *androginia* puesto en escena por Sandra Bem en referencia a la personalidad que ha desarrollado aspectos masculinos y femeninos en el desenvolvimiento de su proceso de desarrollo (individuación).

Los niños asimilan los estereotipos muy pronto, pero estos estereotipos de género pueden ser muy limitadores, tanto para los hombres como para las mujeres, impidiendo que tanto unos como otros alcancen su máximo potencial. En este sentido, Sandra Bem (1974, 1976) desarrolló un concepto que ha tenido una importante difusión: *androginia*. Se considera andrógina una personalidad que combina de forma equilibrada características positivas consideradas como típicas de hombres y de mujeres. De esta forma una persona podría ser dominante, segura de sí misma (características «masculinas») y a su vez compasiva, simpática, comprensiva (características «femeninas»). Esta autora considera que la masculinidad y la feminidad deberían suavizarse mutuamente e integrarse en una personalidad más equilibrada y completa. Según esto, los rasgos masculinos y femeninos no son los polos opuestos de una dimensión, sino dos dimensiones separadas. Una persona puede, por lo tanto, tener características de cada una de ellas. El beneficio que puede aportar esta mezcla es la flexibilidad y una mejor adaptación psicológica, ya que la persona con características andróginas tiene un mayor margen de reacciones posibles para utilizar en distintas situaciones. Estos individuos serían psicológicamente más sanos.

[...] El concepto de androginia ha revolucionado los roles de género tradicionales y ha trastocado el papel importante que, en otro tiempo, tuvo el sexo del sujeto, por la necesaria consideración de su género... Sus defensores proclaman el paso significativo que supuso en la conceptualización tradicional de los roles y de la salud mental, y en la liberación de las expectativas sociales ligadas al sexo.

Un ejemplo del empleo de la arroba en un rótulo comercial.

Esta publicidad del Ayuntamiento de Gijón diseñada para las fiestas del verano de 2003 muestra el logotipo de una «g» de Gijón (gijón) «arrobizada» por así decir (perdón por la invención léxica). Se trata de darle a la letra inicial de la ciudad de Gijón el carácter de «globalidad» e internacionalidad con que la @ viene asociándose. La letra «g», grafológicamente contemplada, consiste en un óvalo («o») y un trazo o movimiento descendente que retorna a la zona media. Este recorrido estructural permite la proyección de relaciones dinámicas entre el yo, lo inconsciente y los demás (retorno y enlace del trazo a la letra siguiente). En el caso que nos ocupa, la «g» en forma de @ pretende, con una evidente finalidad turística, mostrar una imagen de la ciudad que «sitúa» a Gijón («g») en el centro de atención del mundo.

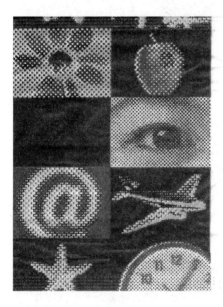

Este diseño corresponde a una conocida marca de compresas y muestra, como se ve, una serie de imágenes entre las que figura la @ como un signo de globalidad y de modernidad tecnológica.

Capítulo 7

PÁGINAS WEB: EL CONTEXTO ESPACIAL LUMINISCENTE
La pantalla del ordenador como contexto gráfico espacial

Todos los movimientos, todos los gestos humanos,
están cargados de significación y concurren a la expresión
de la personalidad entera.
ANIA TEILLARD

El escenario virtual ilimitado que ofrece Internet supone una extraordinaria multiplicación de accesos a la información. No existe ya en nuestros días ninguna empresa o entidad de relieve que no tenga su «lugar» en el ciberespacio. Esta presencia web (lugar en, o sitio en. En inglés web site) supone un formato multimedia: imágenes, sonido, texto... que puede ser contemplado desde un ordenador o computadora desde cualquier lugar del mundo al instante.

El aspecto visual que ofrecen las páginas web tiene como marco delimitado la propia pantalla del ordenador, la cual se convierte así en un espacio virtual con toda la carga de connotaciones simbólicas que le hemos venido atribuyendo al espacio blanco del papel, a las estructuras graficas y a los trazos o grammas en general.

Así, al estudiar desde la hermenéutica grafológica una página web, hemos de considerar todos y cada uno de los elementos y variables grafonómicas y simbólico-espaciales con las que abordamos un escrito. Naturalmente, en el caso que nos ocupa, las posibilidades que ofrece el factor cromático como un lenguaje adicional con el que reforzar todas las demás variables es sin duda muy importante.

Hay que considerar, por tanto, el tamaño y características formales y estructurales de las fuentes empleadas, la ubicación espacial que se da a los logotipos o imágenes intervinientes en la página web y, en general, todas y cada una de las variables sobre las que hemos venido reflexionando hasta aquí.

En definitiva, se trata de un soporte diferente, más económico desde todo punto de vista, con posibilidades interactivas y de retroalimentación fundamental, lo que le otorga posibilidades de utilización didáctica y pedagógica, pero basado en los mismos parámetros gráficos de comunicación visual que emplean los diseñadores y publicitarios en los formatos tradicionales, y que los grafoanalistas reconocemos en la distribución espontánea y significativa de los elementos caligráficos en el contexto espacial de la página.

Veamos algunos ejemplos:

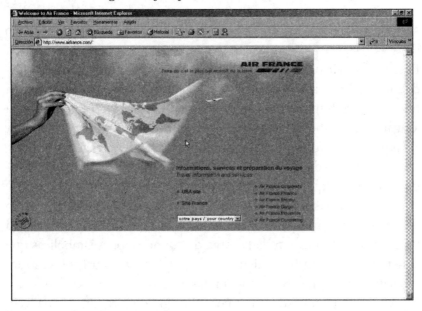

Como vemos, en la página web de Air France encontramos una distribución de elementos gráficos en el espacio contextual de la pantalla coherente con las representaciones simbólicas atribuibles a izquierda-derecha y arriba-abajo. Una tipografía, la de Air France, gruesa, nutrida, y un logotipo de elementos lineales desligados o yuxtapuestos, gradualmente espaciados y de inclinación dextrógira.

Observamos también una mano femenina (a la izquierda) que despide con un pañuelo (un planisferio) al avión que despega y que se dirige al cuadrante superior derecho; justamente al lugar donde se halla el anagrama y logotipo de la compañía. La imagen es grafológicamente elocuente, el avión (las actividades de la compañía) se dirige en el doble sentido de su significado «hacia arriba». Atrás, vale decir, a la izquierda, queda el mundo (que lo despide con un pañuelo).

Todo cuanto se halla representado «arriba» conlleva asociaciones inmediatas relativas al ideal, a lo bueno y a lo bello. Arriba ubicamos el «cielo» y a «Dios», mientras que «abajo» se hallan las representaciones de lo terreno y cotidiano, lo material, instintivo y animal. Las perspectivas de progreso que el futuro depara desde la óptica del optimismo, se encuentran espacialmente representadas «a la derecha y arriba».

El significado espacial atribuible a cada zona es un «dato» inherente al sentido innato que el ser humano posee para orientarse en su existencia. Es necesario que el grafólogo o el publicitario tenga presente esta orientación espacial arquetípica e instintiva para no realizar mecánicamente su valoración interpretativa, sino que pueda establecer e inferir la relación del dato gráfico o escritural con el correspondiente significado acerca de la disposición caracterológica, anímica y conductual del escribiente, en definitiva, con el dinamismo arquetípico predominante.

Ania Teillard escribe respecto al simbolismo del espacio gráfico y su relación con el proceso escritural de esta elocuente e interesante manera:

Al escribir, proyectamos sobre el papel formas simbólicas, vivas en nosotros, que expresan nuestra vida interior. O, más exactamente, modificamos las formas tradicionales, caligráficas, de acuerdo a las ideas conscientes y las imágenes inconscientes que determinan nuestra personalidad.

Toda producción inconsciente está basada sobre las mismas premisas, es decir, que toda representación psíquica ocupa, de acuerdo a nosotros, su lugar en el espacio. Las mismas representaciones arquetípicas, el mismo simbolismo del espacio, se encuentran en los sueños y en la escritura.

[...] La parte de arriba, pues, engloba todas las representaciones antiguas y modernas de lo celeste, de lo divino y sublime, de la distinción, del éxito, del crecimiento, de la luz. El impulso hacia arriba indica ascensión, tanto desde el punto de vista moral como social.

ANIA TEILLARD
El alma y la escritura

La tipografía nutrida de Air France apunta a la consistencia y solidez de la empresa. Las franjas del logotipo presentan una inclinación «vocacionalmente» extravertida; el desligado de las franjas, progresivamente espaciado, es equivalente al talante libre e independiente que expresan las escrituras yuxtapuestas y moderadamente espaciadas.

Escritura espaciada y agrupada. Talante independiente y autónomo.

La página web que ahora vemos es de aquellas que podríamos denominar informativas y que se caracterizan por una supeditación de la estética y las imágenes simbólicas a la profusión de apartados informativos y, por tanto, a una importante cantidad de texto a la vista o bajo vínculos.

Lo que sí conservan habitualmente, en cuanto a iconografía simbólica o representacional, este tipo de páginas web es el logotipo o el anagrama que le es característico a la empresa o institución. Así, en la web del *Jornal do Comercio* de Río de Janeiro (Brasil), vemos una tipografía mayúscula sobrealzada, gesto análogo a la expresión gestual defensiva del gato, de sobrealzar su silueta, y que en las escrituras manuscritas equivale a una manifestación de autoestima, distinción, sentimiento aristocrático o bien, en el más desfavorable de los contextos, la actitud prepotente.

El periódico muestra así, desde el punto de vista grafológico y respecto a su propia imagen institucional, la importancia y relieve social con el que pretende verse asociado e identificado por los demás. La verticalidad de las letras es sintomática de racionalidad e imparcialidad.

Firma sobrealzada en su zona media (ámbito del yo) correspondiente al rey de Francia Carlos IX (1550-1574). Durante su reinado, católicos y protestantes (hugonotes) mantuvieron guerras y disputas. Bajo la influencia de su madre Catalina de Médici aprobó en la Noche de San Bartolomé el asesinato de miles de hugonotes.

El *Jornal de Brasilia*, además de un ligero sobrealzamiento, más moderado que en el ejemplo anterior, aparecen letras minúsculas, lo que, en principio, parece darle un tono más humilde y próximo a la gente de la calle. El aspecto dominante de este encabezamiento es su encuadre entre dos líneas (superior e inferior).

Este encuadre en cierto modo es análogo a la ocupación espacial de quien no deja márgenes (sujetos que se mueven con cierta desenvoltura y también fuerte control de las circunstancias y sobre los demás) e incluso podrían entrever alguna conexión con las firmas que se encuadran o enmarcan entre dos rúbricas rectas y paralelas (voluntad que se encamina hacia una meta persistentemente, actitud clara y horizontes delimitados).

Ésta es la escritura de un muchacho de dieciséis años cuya madre falleció en un accidente de tráfico. El chico, por entonces un niño pequeño de un año y medio aproximadamente, iba con ella. Tras la colisión, la madre aún estuvo un tiempo en el hospital hasta que finalmente falleció. Me lo dio una amiga y colega para analizar su grafismo, junto con el dibujo que a continuación ilustramos. Lo que más me impactó de esta escritura no fue su grafismo, es decir, su aspecto continente, sino su contenido. La transcripción de la carta es la siguiente:

Vino un elefante, no me acuerdo de dónde. También he olvidado
adónde fue. Su nombre era tan extraño que no pude retenerlo pero
está claro que vino y se fue. También es seguro que era un elefante.
Un elefante, en fin, a pie, solo y gris, vino y se fue. Esto era más o

menos el corazón del cuento del elefante. Y en medio del corazón, de esto sí que me acuerdo, había algo tan incompresible, tan difícil y oscuro, que no podría contarlo aunque lo recordara.

Como podemos ver aquí, se está tratando de un recuerdo no recordado, por así decir. Un acontecimiento traumático, terrible y de consecuencias graves (ausencia de su madre) pero que su mente infantil no pudo comprender y conceptualizar. Podríamos barajar la hipótesis de que el elefante fuese una imagen alegórica de aquello contra lo que colisionaron, algo que «vino... no me acuerdo de donde... ni de adónde fue». Algo asociado a un suceso «...tan incompresible, tan difícil y oscuro, que no podría contarlo aunque lo recordara». De algún modo, la vivencia no le resultaría traducible al lenguaje discursivo de su edad actual.

Este dibujo es también del muchacho. Su tamaño natural es el de un folio. La ocupación total del espacio gráfico en este caso, a mi juicio, se corresponde con la ansiedad de controlar que ningún elemento sorpresivo e inesperado amenace su estabilidad. Es decir, «éste es mi territorio, mi consciencia y mi voluntad y no hay sitio para más».

El periódico *The New York Times* utiliza una tipografía gótica en su anagrama, como vemos. Lo gótico, desdeñado por los tratadistas del renacimiento (gótico = godo = bárbaro) como el arte característico de la Edad Media contrapuesto al arte clásico, fue retomado por el romanticismo del siglo xix (época en la que el periódico establece su reputación de seriedad y eficacia en el tratamiento de asuntos de alcance nacional e internacional en EE. UU).

El estilo neogótico en arquitectura que se inicia en el siglo xviii y que tiene su auge y florecimiento en el xix en Gran Bretaña y Estados Unidos, brota de la exaltación de lo medieval y de la mística de sus formas por parte de movimientos historicistas y románticos (para Ernst Hoffmann, la esencia del romanticismo podría definirse como una «infinita añoranza»). Para muchos arquitectos y teóricos de la época, el gótico es el verdadero estilo cristiano.

La tipografía gótica corresponde, por tanto, a un espíritu claramente romántico e idealista, resucitador de valores y esencialmente vinculable a la espiritualidad cristiana.

La tipografía del periódico *La Nueva España* es de una gran sencillez y elegancia. Moderadamente sobrealzada, realzada asimismo con iniciales mayúsculas, contraste de plenos y perfiles, combinación de angulosidad en el extremo de los trazos (con finales acerados en la «L» y la «E»), moderadamente inclinada.

La resultante de las especies gráficas implicadas es una constelación armoniosa de elementos que trasmite sobriedad, moderación, disposición cálida y afectiva, distinción, equilibrio y dinamismo.

La página web de Disney basa su presentación en el grafocentrismo de los elementos. Como se puede apreciar, todo está situado espacialmente en torno al centro de la web. Éste es un recurso para inducir a focalizar inmediatamente la atención, capturarla. En el centro estoy «yo» (egocentrismo característico de la etapa infantil).

El anagrama de Disney ya lo hemos analizado anteriormente, por lo que no vamos a redundar en ello.

187

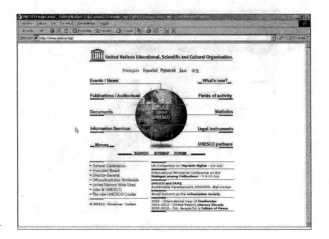

La página web de la UNESCO, cuyo logotipo ya hemos estudiado también, dispone los elementos de manera concéntrica, al igual que la de Disney, en este caso y mediante la desnudez cromática y la sobriedad de los apartados, para aludir a la unidad del conocimiento (*conscillience*) y entender al hombre como un ciudadano del mundo; la imagen de alguna manera nos está diciendo «yo soy el mundo», es decir, «tú eres el mundo».

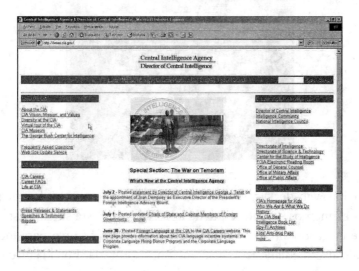

Página web de la CIA. Esta página es una presentación tipo prensa, informativa, funcional, sin iconos llamativos excepto el que se halla

ubicado al centro de la página como un símbolo de la nación norteamericana (EE. UU).

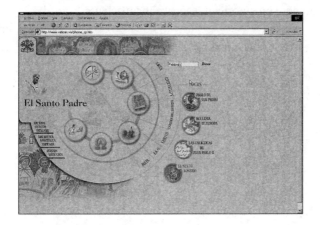

La web de la Santa Sede presenta una disposición espacial que tiene
su epicentro en el cuadrante izquierdo de la página. Este cuadrante
además recoge el logo y la imagen de una escultura de san Pedro.
Todas las páginas asociadas a la principal presentan esta predilección
espacial que «puebla» la zona izquierda.

La zona izquierda, tal y como se ha venido mencionando a lo largo
de este trabajo, presenta unas connotaciones de significado asociadas,
entre otras, al pasado, la familia, la tradición, la interioridad, las imágenes y contenidos inconscientes, la consciencia, la voluntad, el impulso, la intención...

> Retengamos pues este hecho: la persona profunda, y en concreto
> la persona profunda espiritual, es decir, esa persona profunda que
> únicamente merece ser llamada así en el verdadero sentido de la pa-
> labra, es irrefleja por ser irreflexionable, y en este orden de cosas
> puede también llamarse inconsciente. Así pues, mientras la perso-
> na espiritual puede fundamentalmente ser tanto consciente como
> inconsciente, debemos decir que la persona espiritual profunda es
> forzosamente inconsciente, y por tanto no, por ejemplo, meramente
> facultativa; en otras palabras: en su profundidad, «en el fondo», lo
> espiritual es necesario por ser inconsciente.

De todo ello se desprende no menos que este hecho: justamente el centro del ser humano (la persona) es inconsciente en su profundidad (la persona profunda). Dicho en otros términos, el espíritu es, precisamente en su origen, espíritu inconsciente.

VÍCTOR E. FRANKL
La presencia ignorada de Dios. Psicoterapia y religión

Capítulo 8

CUADROS SINÓPTICOS DE LAS PRINCIPALES VARIABLES GRÁFICAS

*Siempre en un análisis grafológico, mucho pesarán el talento
y la gracia del grafólogo, y la decisiva capacidad de intuir expresiones
y abarcar conjuntos, parece don innato en unos y casi imposible
de desarrollar en otros. Además, ya que no hay dos escrituras idénticas
ni las puede haber, siempre una escritura concreta opondrá a la
grafología-ciencia la invisible barrera que todo individuo opone a toda
ciencia. Del individuo no hay ni concepto ni ciencia, reza la filosofía…
La grafología aplicada será, pues, siempre, un arte.*
CRÉPIEUX-JAMIN

*También las cartas y las llamadas telefónicas van precedidas
de un aura. La frecuencia con que se nota semejante aura
podría averiguarse mediante encuestas; pero es justo en las zonas
fronterizas donde la estadística se torna absurda.*
ERNST JÜNGER

*Para descubrir lo que hay en nosotros de auténticamente
individual hace falta desde luego una reflexión a fondo,
y de pronto nos percatamos de cuán extraordinariamente difícil
es el descubrimiento de la individualidad.*
CARL GUSTAV JUNG

En esta última parte de nuestro trabajo, vamos a presentar unas breves pinceladas sobre el abordaje grafoanalítico de la escritura, así como unos sencillos cuadros sinópticos que recogen las principales variables gráficas dentro de cada género gráfico.

Para comprender grafológicamente un grafismo manuscrito, hay que disponer de claridad conceptual respecto de algunas cuestiones fundamentales como la valoración supracategorial u holística del conjunto gráfico, sobre el significado y alcance de lo que entendemos por especies dominantes y, naturalmente, haber adquirido la capacidad de discernir e identificar las diferentes variables gráficas que concurren en un escrito, aquello que denominamos especies.

La valoración supracategorial se refiere a una estimación no analítica del conjunto escritural atendiendo básicamente a la euritmia de los elementos componentes, es decir al concepto jaminiano (Crépieux-Jamin) de armonía, así como al grado de vivacidad expresiva e individuación del grafismo que Klages significó con su concepto de *formniveau* (nivel de forma), y también a las distintas variables del dinamismo o del movimiento en la escritura.

Estos tres aspectos importantísimos suponen el ambiente gráfico diferencial y el estatus del desarrollo del grafismo, intrínsecamente relacionado con el equilibrio psicológico del sujeto escribiente, el grado de desarrollo y diferenciación (autoconciencia) de su personalidad, la naturalidad y fluidez de sus capacidades cognitivo-afectivas y, en definitiva, es el criterio que nos permitirá contextualizar y atribuir la orientación, en mayor o menor medida favorable, de las especies y signos grafosignificantes que encontremos en una escritura particular.

Las especies dominantes se refieren a aquellos rasgos o características, normalmente dos o tres, más sobresalientes de un conjunto escritural. Son, por tanto, aquellas variables que mejor definen su condición diferenciada y cuya descripción grafonómica debería permitirnos distinguirla entre un conjunto amplio de escrituras.

Las especies dominantes suelen ser diferentes modos de expresar la actitud o rasgo principal del carácter o de la disposición distintiva de la personalidad, su característica fundamental. Sobre esta actitud se distribuyen el resto de los rasgos idiosincrásicos de la personalidad, los diversos factores cognitivos y las disposiciones afectivas y anímicas del individuo.

Si el grafólogo o el grafoanalista no es capaz de identificar las especies dominantes de un grafismo o escritura, su incursión en la individualidad del sujeto escribiente estará seriamente amenaza por la falta de perspectiva. Crépieux-Jamin dice acerca de esta importante cuestión: «De los errores que puedan cometerse en una definición el más insignificante será olvidar uno, o varios, signos poco importantes; el más grave, y sin remedio, equivocarse en el primer plano de la definición».

Una vez estimadas las condiciones de conjunto, el «sello» individuado de la escritura, e identificadas las especies o rasgos protagonistas y dominantes, nos ocuparemos de la parte analítica, esto es, de identificar y definir las especies y los gestos tipo (los pequeños signos) que afectan el grafismo. Para ello y con fines didácticos, observaremos la escritura desde sus principales parámetros, los géneros gráficos.

Cuáles son las variables que presenta una escritura desde su perspectiva formal, cuáles desde sus dimensiones relativa y absoluta, inclinación, orientación espacial de las líneas, velocidad, continuidad o cohesión, presión, orden…

Vamos a ver algunas de las consideraciones que, desde el lenguaje simbólico grafológico podemos hacer de cada uno de estos parámetros.

Forma

La forma de las letras constituye el estilo conductual del escribiente, su talante y personalidad. En cierta manera, es una representación o analogía del ropaje y de las costumbres y valores con los que el escribiente se halla identificado. Es el parámetro más impregnado de aspectos sociales y colectivos y un exponente claramente sintomático del tipo de personalidad con el que uno quiere o pretende verse asociado ante los ojos de los demás.

En este parámetro escritural hay que valorar sobre todo el predominio e intensidad de curvas y ángulos, la sujeción a un modelo caligráfico frente a la personalización de las formas, los rasgos complicados y las formas ornamentadas frente a la simplificación y sobriedad de las escrituras evolucionadas.

Según Max Pulver, «la escritura escolar es impersonal. La estructuración puede escoger, en un principio, dos caminos: la reducción de los movimientos gráficos, simplificación (que sería lo deseable), o el camino contrario, que consiste en exteriorizaciones gráficas adicionales, enriquecimiento».

No se debe confundir este género gráfico con el nivel de forma del que habla Klages, el cual se refiere al concepto de gestalt o imagen conductora (configuración o totalidad perceptiva, personalidad o sí-mismo de la escritura).

Las principales variables de la escritura desde la óptica formal son la escritura curva (también denominada redondeada), angulosa, redonda, mixta, modélica (ajustada servilmente al modelo caligráfico), sencilla, simplificada, cilíndrica, complicada, personalizada...

Tamaño

El tamaño de la escritura se refiere principalmente a la altura y anchura del tamaño de la zona media, el de las letras interiores, medido cuando es homogéneo por el tamaño de los óvalos en la letra «o». A esta medida de la escritura la denominamos tamaño relativo o grafológico.

Esta medida se corresponde en términos psicológicos a las «dimensiones» del sentimiento del yo y por tanto refleja en general la reflexión gestual de la autoestima; las medidas en cuanto a la altura de la zona media son expresión del sentimiento y valoración que el yo tiene de sí mismo, no sólo en cuanto a autoestima, sino que también mostrará la virtual interferencia proyectiva que la imagen de sí podría ejercer acerca de las apreciaciones y juicios sobre la realidad. La objetividad/subjetividad de que hará gala el escribiente está por tanto en condiciones de ser de alguna manera inferida a través del tamaño de la escritura.

Si en la verticalidad apreciamos los aspectos referidos a la identidad y su virtual afirmación, en la disposición horizontal de las letras interiores vemos la amplitud de conciencia y la medida de los requerimientos expansivos del yo. Señala Klages que «en el ancho de la escritura se expresa, positivamente, el afán personal. Pero el simple hecho de no ver los obstáculos inevitables tendría el mismo resultado, y entonces la anchura de un escrito provendría, en sentido negativo, de la falta de frenos».

La estrechez excesiva supone, por tanto, un repliegue de la personalidad, un exceso de cautela y de precauciones. En palabras del ilustre caracterólogo:

> En la estrechez, el movimiento hacia el fin aparece como frenado y limitado por un movimiento antagonista… […] Efectivamente, en este caso la atracción del fin no estaría limitada, sino más bien debilitada, porque la fuerza instintiva disponible se pone entonces en parte al servicio de la protección personal. El afán y el esfuerzo suponen un cierto amor por el fin, y este sentimiento no surge en modo alguno cuando predomina la preocupación constante de la seguridad personal. El egoísta es, por así decir, avaro de sus fuerzas, a fin de tenerlas permanentemente intactas a su disposición para la defensa de sus intereses. En consecuencia, veremos la condición negativa de la estrechez en una falta de espontaneidad que tiene su fundamento sea en el predominio de los sentimientos de desconfianza y temor, o bien preferentemente en los cálculos mezquinos y egoístas.
>
> LUDWIG KLAGES

El tamaño grafológico de la escritura se correlaciona asimismo con la tipología predominante, especialmente con el temperamento y con la actitud vital referida a introversión (escritura pequeña) y extraversión (escritura grande). También con el pensamiento meticuloso, exigente y analítico (escritura ágil, rápida y pequeña) frente al predominio de la afectividad, la visión global y los afanes manifiestamente expansivos de la personalidad (escritura grande, ascendente y redondeada).

Las principales variables del tamaño son la escritura grande, muy grande, pequeña, muy pequeña, filiforme, gladiolada (decreciente), creciente, alta (sobrealzada de la zona media), rebajada, sobrealzada (elevada).

Orden

El orden gráfico, manifestado a través de variables como la proporcionalidad, la organización global, la legibilidad elemental, la claridad reflejada en el espaciado entre líneas, el espacio adecuado entre palabras y caracteres que mantiene cohesionado el grafismo en su conjunto, etc., es un indicador del ambiente psicológico en que vive el escribiente, su atmósfera (Pulver) personal.

Nos pone en antecedentes respecto de la capacidad de organización y disposición de recursos en el escribiente, la presión o el sosiego con que discurre su cotidianeidad, reflejo y proyección de su propio clima psicológico…

El orden nos sitúa, por tanto, frente a la relación texto-página, es decir, la escritura propiamente dicha y el ámbito de su actuación, el contexto espacial donde va a ser desenvuelta o desplegada la conducta escritural. Así, la página constituye para el escribiente una representación inmediata de su espacio vital, de sus circunstancias personales y ambientales y en última instancia de su espacio mental, vale decir, de su interioridad.

Los márgenes constituyen un subgénero del orden al ser un elemento potencialmente perturbador del orden global del escrito. Precisan de modo significativo la disposición anímica del escribiente frente a la conducta que el grafismo va a exteriorizar desde su zona de arranque o de partida (zonas superior e izquierda) hasta su consumación parcial y final (zona derecha de las líneas y final de página).

Según Max Pulver, «Los márgenes tienen una reacción sobre el conjunto del grafismo; a pesar de no constituir una exteriorización gráfica contribuyen del mismo modo que los espacios a la exteriorización del carácter».

Dirección u orientación y características de las líneas

La dirección de la línea es un indicador extraordinario, especialmente apto para dilucidar aspectos que tienen que ver con la voluntad, el empuje, la firmeza volitiva y fundamentalmente la bipolaridad de los estados anímicos, esto es, la euforia y el entusiasmo por una parte y la depresión y el desaliento por la otra. Podríamos decir que la dirección de la línea (la línea de base) representa en el conjunto de la manifestación gráfica una especie de termómetro anímico, un termómetro que nos va a indicar el estado anímico del escribiente, tanto en lo que a su disposición emocional se refiere como cuanto al déficit eventual de sus fuerzas vitales. La incapacidad para sostener al menos la horizontalidad de las líneas en un escrito equivale a una merma e insuficiencia de la fuerza del ánimo y de la potencia volitiva.

La estabilidad y dirección de la línea constituye, por tanto, un exponente grafológico de la vitalidad anímica, así como del estatus energético, aspectos que sirven de soporte y sostén al conjunto de la personalidad.

La firmeza de la línea horizontal es expresión de la consistencia del ánimo y de la determinación de la voluntad en cuanto a una actuación definida, constante y disciplinada.

Max Pulver atribuye la horizontalidad requerida de las líneas a la disciplina, una disciplina que de alguna manera constituiría la cualificación para asumir las exigencias que la sociedad espera de nosotros.

> En sentido estricto representa una exigencia ideal [...]. El curso de las líneas tiene una constancia menor que todas las categorías hasta ahora tratadas [...]. Además influye la disposición psíquica momentánea. Los afectos intensos cambian la dirección, a lo largo de una extensión grande, mucho más que una mera disposición anímica. Finalmente, las disposiciones anímicas y estados afectivos pueden formar una mezcla en el carácter del escritor, de modo que permanezcan vestigios duraderos o habituales en el curso de las líneas.
>
> MAX PULVER

Así, Jung considera que «la voluntad es un fenómeno psicológico que debe su existencia a la cultura y a la educación moral, pero está en gran medida ausente en la mentalidad primitiva».

Klages, el maestro alemán, también hace indicación de esta variabilidad en las características de la línea en un mismo escribiente: «[...] esta propiedad gráfica varía más que cualquier otra, con frecuencia ya en un solo escrito, pero muy especialmente aún en una cierta cantidad de documentos del mismo autor. [...] Por eso se ha buscado en las disposiciones del humor la causa originaria de la dirección de los renglones».

Así por tanto, podemos decir, que la dirección y estatus (recta, ondulada, sinuosa) de la línea argumentan grafológicamente la emotividad operante en la personalidad del escribiente y la capacidad de éste para establecer criterios de actuación dependientes de la voluntad y continuidad propositiva frente a las emociones de que es sujeto y objeto a la vez.

Podríamos decir, asimismo, que la cualidad de la línea nos muestra la perturbabilidad de la conciencia, y por tanto del yo que es sujeto de ella, por parte de un inconsciente agitado y potencial o manifiestamente conflictivo.

Las principales variables de este parámetro son las escrituras de líneas de dirección horizontal, ascendentes, descendentes, líneas escalonadas (imbricadas o en escalera ascendente o descendente), líneas rectas y firmes, líneas onduladas o serpentinas, líneas sinuosas, líneas de finales caídos, líneas abovedadas (convexas) o líneas cóncavas.

Inclinación

La inclinación axial de las letras constituye un fenómeno gráfico de gran valor expresivo. Al igual que los demás parámetros grafonómicos (géneros gráficos), su significación no puede reducirse a una única relación de rasgos y actitudes de la personalidad del sujeto escribiente, siendo, no obstante, un indicador esencial de la actitud vital predominante, esto es, de la introversión y la extraversión.

La inclinación sistemática y generalizada de las letras todas de un escrito es fácilmente identificable y aún cuantificable, otorgando a la escritura un semblante característico. Como quiera que la escritura occidental supone un movimiento de avance o progresión del trazado hacia la derecha, sería instructivo imaginarnos al escribiente caminando en esta misma dirección, representándonos la inclinación de las letras con nuestra columna vertebral, la cual constituye el eje de nuestra verticalidad y condición bípeda.

En este sentido, hemos de partir de la existencia de modelos caligráficos que tienden a la verticalidad de las letras, mientras que otros inclinan hacia la derecha. Dice Max Pulver:

La posición [inclinación] como muchos otros signos de la escritura, ha tenido muchos cambios en la historia; la escritura fue en su origen perpendicular y desunida, más tarde se le añadió la presión. Actualmente hay tendencia a volver a su punto de partida (*script*).

En los distintos siglos se han utilizado las posiciones más diversas; fueron enseñadas en la escuela y formaron, por tanto, parte del modelo escolar sometido a la moda vigente. La interpretación individual puede variar y restringirse en muchos casos en una escritura determinada, sobre todo si el grafismo obedece a la tendencia de una época. El significado individual aumenta cuando la posición [inclinación] se aparta de la tendencia dominante. [...]

Cada carácter individual tiene un sustrato debido a la colectividad y a las relaciones con el ambiente; es en gran parte una intersección de la influencias hereditarias y, al mismo tiempo (sociológicamente), de las tendencias de su época.

Ludwig Klages toca este mismo punto en los siguientes términos:

> Como desde cualquier punto de vista cada uno es «hijo de su tiempo», el grafólogo práctico, si no analiza solamente escrituras actuales, debe conocer el grafismo medio de la época a la cual pertenece una escritura; y esto es aún mucho más importante que conocer el modelo de escritura correspondiente y todo el material que se le relaciona. Las desviaciones del grafismo medio son precisamente las que importan de un modo especial para el análisis. Una escritura vertical se destaca más entre los grafismos inclinados en uso; lo mismo ocurre con una escritura inclinada entre escrituras verticales.

Efectivamente, la determinación colectiva que sobre cada uno de nosotros tienen los valores del tiempo-lugar que nos toca vivir son un ingrediente muy a tener en cuenta en relación a la soberanía del «criterio propio» y que una escritura independizada y «semejante a sí misma» (*formniveau* alto) puede reflejar.

Lo importante desde el punto de vista grafológico y grafoanalítico es que cada escribiente adoptará una inclinación de las letras afín con su actitud vital y con el predominio de la racionalidad frente a los sentimientos o viceversa. Así, la inclinación a la derecha será para nosotros inclinación propiamente dicha, denominando a la inclinación de las letras a la izquierda, inversión. Por tanto, la escritura inclinada y la escritura invertida aluden a la inclinación axial, sistemática y habitual de una escritura hacia la derecha y hacia la izquierda respectivamente.

Continuidad o cohesión

La continuidad del trazado va a contribuir al conocimiento grafológico acerca de cómo el escribiente procesa la información, es decir, si lo hace a través de las funciones racionales, esto es, pensamiento (análisis racional) y sentimiento (elección consciente en torno al gusto/disgusto) o bien si predominan en él las funciones de tipo irracional, esto es, intuición (deducción de tipo inconsciente) o sensación (valoración del mundo a través de los sistemas de percepción sensorial).

Asimismo, la continuidad/discontinuidad del trazado, va a trasladar al grafismo nuestra manera habitual de encarar las relaciones con los demás, vale decir la actitud vital, introversión versus extraversión y la disposición al contacto solidario y altruista frente al individualismo egocéntrico.

En la fluidez del trazado podemos apreciar también la dinámica de las relaciones que tienen lugar en el seno de la propia individualidad, podríamos decir que explicitan las relaciones que se establecen en la propia personalidad, es decir, las relaciones del hombre consigo mismo, de la personalidad adquirida mediante los procesos formativos de la individualidad frente al hombre arcaico que constituye nuestra identidad inconsciente:

> Juntos, el paciente y yo nos dirigimos al hombre de dos millones de años de edad que se encuentra en todos nosotros. En último término, la mayoría de nuestras dificultades surgen de la pérdida de contacto con nuestros instintos, con la antigua e inolvidable sabiduría acumulada en nosotros.
>
> C. G. JUNG

A este respecto cabe señalar que tanto los trastornos fisiológicos que entorpecen la coordinación motriz como diversos trastornos de tipo psicológico producen una fenomenología gráfica de fragmentación y discontinuidad característica en la marcha del trazado. Podemos considerar algunas fragmentaciones de letras, especialmente la disociación óvalo-palote tan frecuente en la letra «d», la «g» o la «q», y aun en la «a» caligráfica respecto de su rasgo final, como la manifestación de un estado psicológico de desunión o conflicto de tendencias, de desacuerdo entre instancias de la propia personalidad, en definitiva, una manifestación más de la problemática universal de las neurosis.

> Siempre que el paciente presente síntomas neuróticos hay esperanzas de reparar un hundimiento. Indican que uno no está en sí mismo y, normalmente, los propios síntomas neuróticos diagnostican qué va mal. Quienes no tienen síntomas neuróticos están probablemente fuera de alcance de cualquier ayuda ajena.
>
> C. G. JUNG

El óvalo, efectivamente, constituye una representación arquetípica primordial, una imago primigenia natural de la totalidad anímica, esto es, de la personalidad total, consciente-inconsciente, del Self o sí-mismo.

La «d» es una letra compuesta, óvalo-palote. El Yo está representado por el óvalo, siendo el palote el elemento relacionador, «en este caso la función transcendente (ánima-ánimus)», una vía gráfica de proyección del Yo-óvalo con la vida y lo colectivo, los valores, ideales, la concepción del mundo (weltanschauung), en definitiva, las relaciones de lo cotidiano con lo eterno-arquetípico espacialmente «presente» o susceptible de ser representado en la zona superior.

La letra «g» especialmente y la «q» en menor medida muestran gráficamente, esto es, exteriorizan o proyectan, las relaciones del Yo con el sustrato instintivo de la personalidad y con los procesos inconscientes.

Es necesario insistir en la necesidad de evaluar los fenómenos gráficos de la continuidad o cohesión bajo el prisma de una apreciación holística (global) del dinamismo escritural así como de la armonía del conjunto y de su nivel de evolución o personalización caligráfica. Así, y a modo de ejemplo, no puede ser entendida de la misma manera una escritura ligada en un contexto gráfico mínimamente armonioso y sobre todo dinámico (dotado de movimiento y de mayor o menor rapidez) que una escritura ligada en un escrito monótono y falto de dinamismo, aunque desde el punto de vista de la continuidad observemos el mismo fenómeno de letras ligadas y por tanto de fluidez continuista del trazado.

El grado de enlace que tiene lugar entre las letras en el seno de las palabras constituye la evidencia empírica del tipo de escritura que hemos de tomar en consideración en cuanto al lenguaje gestual y simbólico, es decir, grafológico, se refiere.

Velocidad

Los símbolos que emergen en la elaboración de la escritura no son estáticos, sino que están dotados de dinamismo, son el producto de un proceso que tiene máxima importancia vislumbrar en aras de poder evaluar adecuadamente su razón de ser.

Tanto la velocidad como el movimiento, que le son inherentes, resulta indispensable valorarlos, no sólo en cuanto aspectos que determinan especies o escrituras-tipo significativas en sí mismas, sino que además suponen el clima dinámico en el que contextualizaremos todos los demás ingredientes del documento a estudiar.

Así, por tanto, la velocidad, el dinamismo escritural, se suma a los criterios de *formniveau* y de armonía para constituir la tríada de significación holística que permite aprehender la escritura como un todo representativo de por sí, un todo en el que las partes aparecen vivificadas y dotadas de sentido.

Este dinamismo que la escritura registra, implica asimismo, un ritmo característico y siempre muy personal.

Ania Teillard, citando a Klages, para definir el ritmo escritural lo plantea de la siguiente forma:

> Klages define el ritmo como una continuación de movimientos que se armonizan y se repiten sin que nunca se parezcan del todo. Es el movimiento natural de la mar, de la caída de las hojas. Es la expresión misma de la vida. La vida ignora la identidad geométrica y cronométrica, la mecanización.

Se puede medir la regularidad de la escritura (que no llega jamás a la de la máquina). Pero el ritmo se siente. La escritura rítmica es la base del nivel de la forma (*formniveau*) de Klages. Ponemos en guardia contra la confusión que se podría tener entre el concepto klagesiano de «Vida» y la vitalidad. Una escritura de nivel de forma elevado no indica forzosamente una fuerte vitalidad, ni el grado de afectividad, que se indica más bien por la desigualdad.

Inferir la velocidad con la que ha sido trazada una escritura supone revivir los movimientos que han secuenciado su ejecución. La velocidad del trazado es una expresión muy directa del dinamismo de lo psíquico, en términos psicodinámicos clásicos, del dinamismo de la libido, entendido este concepto desde la óptica junguiana, es decir, como energía psíquica general

> Un tema que me preocupaba ya desde mi libro *Wandlungen und Symbole der Libido* era la teoría de la libido. Concebía la libido como un *analogon* psíquico de la energía física, es decir, como un concepto aproximadamente cuantitativo, y por ello rechazaba toda determinación esencial cualitativa de la libido. Mi objetivo consistía en desprenderme del concretismo hasta entonces existente en la teoría de la libido; para no hablar ya más de los impulsos de hambre, agresión o sexuales, sino considerar todos estos fenómenos como diversas manifestaciones de la energía psíquica [...].
>
> Todos los fenómenos psicológicos pueden ser considerados manifestaciones de la energía, al igual que todos los fenómenos físicos han sido entendidos como manifestaciones energéticas desde que Robert Mayer descubriera la ley de conservación de la energía. Subjetiva y psicológicamente, esta energía es concebida como deseo. Yo la llamo libido, usando la palabra en su sentido original, que de ninguna manera es sólo sexual. [...]
>
> [La libido] indica un deseo o impulso que no es refrenado por ningún tipo de autoridad, ya sea moral u otra. La libido es apetito en su estado natural. Desde el punto de vista genético, son necesidades físicas como el hambre, la sed, el sueño y el sexo, y estados emocionales o afectos, que constituyen la esencia de la libido.
>
> C. G. JUNG

Daryl Sharp señala que «de acuerdo con su opinión de que la psique es un sistema autorregulador, Jung asoció la libido con la intencionalidad. Ella "sabe" hacia dónde debe dirigirse para la salud general de la psique».

Para Ania Teillard, «la psicología analítica ha definido a los sueños como una autorrepresentación de la libido. La escritura es otra forma de autorrepresentación de esta misma energía».

La velocidad con que se escribe, pone de manifiesto la vivacidad mental del escribiente, su espontaneidad, la vitalidad de sus procesos psicológicos y fisiológicos, todo ello, habiendo considerado pimordialmente, desde luego, un nivel elemental de soltura consecuencia de la evolución gráfica. Vels relaciona la velocidad con «el tiempo habitual de reacción, es decir, la celeridad con que son resueltas las tareas…» y también con «el nivel de inteligencia y el rendimiento profesional».

Se considera que una escritura es rápida cuando ha sido ejecutada a razón de 160-200 letras por minuto, esto tratándose de muestras poblacionales con cierto nivel de desarrollo intelectual, sin embargo, este criterio puede variar hasta las 100-120 letras por minuto, que es lo que llamamos escritura mesurada, en muestras poblacionales de menor desarrollo intelectual.

Max Pulver señala que:

> Para el análisis caracterológico es importante el tiempo subjetivo y no el objetivo; nos interesa el número de letras o de palabras que escribe uno en un lapso de tiempo determinado; es de interés secundario la velocidad objetiva del acto de escribir, es decir, si se ha escrito rápido o lento en relación con la velocidad gráfica máxima del escritor. El acto gráfico es rápido si se alcanza el manejo individual de la rapidez. La lentitud constituye, según esto, un retraso considerable en cuanto al máximo posible de la velocidad individual; consiste, por lo tanto, en tomarse tiempo, en dejarlo pasar, o en el retraso debido a alguna causa.

Para Francisco Viñals y M.ª Luz Puente, «la lentitud supone falta de ímpetu […]. A menos de que se realice a conciencia, esta característica demuestra una falta de entidad caracterial propia del Niño Adaptado Sumiso».

Los signos generales que por un lado favorecen y por otro son consecuencia de la rapidez gráfica son:

- Los movimientos no inhibidos (escritura media-grande y de finales largos), la inclinación a la derecha (y en general la escritura progresiva). «Todo lo que se opone a la dirección fundamental del movimiento gráfico de nuestro sistema de escritura, es decir, al movimiento de izquierda a derecha, vuelve lento al acto gráfico. Por esto exige más tiempo en su ejecución un punto, que se opone a la extensión gráfica, que una coma. (Max Pulver)
- La continuidad del trazado predominantemente ligada, los signos de puntuación adelantados o descolocados –«puntuación inexacta» (Klages)–, trazado curvilíneo, ensanchamiento de las letras «La escritura ensanchada ha sido clasificada en primaria y secundaria (Saudek). En el primer caso se trata del ensanchamiento dentro de las letras, en el segundo, del ensanchamiento entre las letras. La escritura inclinada tiende al ensanchamiento, la perpendicular a la estrechez. La escritura ensanchada por completo es un signo absoluto de rapidez. La escritura ensanchada secundaria representa un momento de retraso por autocontrol» (Max Pulver).
- Simplificación de las formas, tamaño decreciente (gladiolado), las guirnaldas, las letras filiformes, la uniformidad y homogeneidad en general (tamaño, inclinación, dirección...), margen izquierdo ensanchándose, «uniones de la acentuación, de barras de [la] «t», con la letra o palabra siguiente» (Ania Teillard), líneas ascendentes, presión ligera…

La escritura rápida expresa seguridad en sí mismo; […] la [escritura] rápida destaca por la vivacidad, la rapidez, la seguridad; se dirige hacia el tú, al mundo exterior, hacia las cosas, y en este sentido es un signo de objetividad.

MAX PULVER

Las principales especies de escritura en cuanto a la velocidad son la escritura lenta, pausada, rápida, precipitada, acelerada, retardada, dinamogeniada o dinamógena, lanzada…

Presión

La presión que ejercemos al escribir, también denominada «energía gráfica» (Pulver), constituye uno de los parámetros gráficos que presenta mayor dificultad estimativa al estudiante de Grafología. Desde un punto de vista grafológico, estamos frente a la fuerza de la energética psicofísica del sujeto escribiente, lo que la teoría psicoanalítica, y en un sentido más amplificado la psicología analítica, denominó libido, aludiéndose grafológicamente con ello a la energía psíquica general y a la potencia del carácter.

Comprender la presión ejercida al escribir y la tensión resultante del acto escritural permite comprender aspectos relevantes de la personalidad así como posibles alteraciones nerviosas o patológicas.

Se suele argüir que determinados aspectos de la presión como el peso, calibre o grosor del trazo resultan evidentemente condicionados por el tipo de útil empleado en la confección de la escritura; así, si utilizamos un rotulador, un bolígrafo o una pluma, el grosor del trazo así como el relieve resultarán afectados independientemente de la presión real que ejerzamos al escribir. Efectivamente, así es, si bien la tensión del trazo, así como su profundidad, no dependen del elemento escritor, sino que son consecuencia directa de la firmeza, constancia e intensidad de la fuerza del roce contra el papel, de la velocidad o fluidez del trazado y del mantenimiento y constancia de dichos parámetros.

Asimismo, no resulta indiferente que un sujeto prefiera un tipo de útil u otro. Elegimos (cuando podemos) un tipo de grosor de trazo a través del útil que lo facilita porque ello encaja mejor con nuestro modo de ser, es decir, de algún modo existe afinidad y «simpatía» con dicho tipo de trazado. Hace algunos años había un anuncio publicitario en la televisión española de los conocidos bolígrafos BIC; en dicho anuncio se promocionaban dos modelos de bolígrafo BIC que estaban en el mercado, uno de ellos era el denominado Bic naranja y el otro Bic cristal. La canción del anuncio, que acompañaba a una imagen dinámica en primer plano en la que ambos bolígrafos producían líneas paralelas, una más fina (BIC naranja) y otra más gruesa (BIC cristal), decía: «BIC naranja escribe fino, BIC cristal escribe normal, BIC naranja, BIC cristal, dos escrituras a elegir…». La idea que se trasmitía era que, efectivamente, sentimos una espontánea y natural predilección por un tipo de grosor de trazado que por otro, cada cual de acuerdo a su propia individualidad caracterológica y estilo cognitivo.

La presión, por tanto, denota la potencia del carácter y la vitalidad del sujeto escribiente, su empuje, así como la capacidad de resistencia frente a la adversidad y los retos que las circunstancias imponen cotidianamente. La voluntad, la determinación de avance, la autoafirmación son aspectos también aludidos por las distintas variables de la presión escritural.

El género gráfico presión debe ser estudiado en función de cuatro parámetros o subdivisiones (y de sus variables respectivas) que son: la tensión, la profundidad, el peso y el relieve.

FORMA

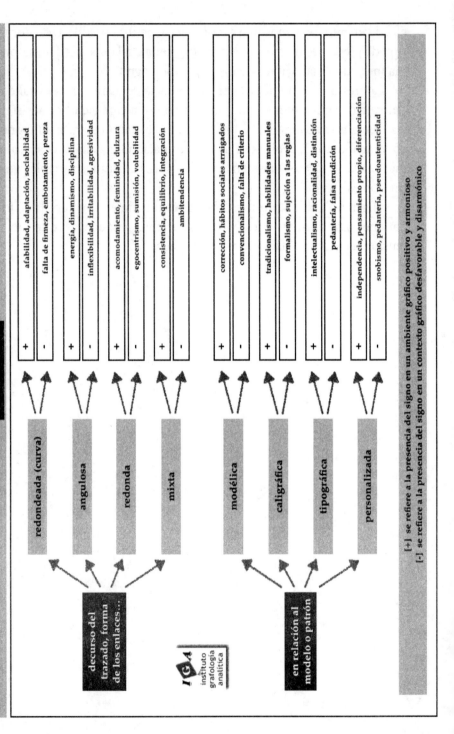

decurso del trazado, forma de los enlaces…

redondeada (curva)
- **+** afabilidad, adaptación, sociabilidad
- **-** falta de firmeza, embotamiento, pereza

angulosa
- **+** energía, dinamismo, disciplina
- **-** inflexibilidad, irritabilidad, agresividad

redonda
- **+** acomodamiento, feminidad, dulzura
- **-** egocentrismo, sumisión, volubilidad

mixta
- **+** consistencia, equilibrio, integración
- **-** ambitendencia

en relación al modelo o patrón

modélica
- **+** corrección, hábitos sociales arraigados
- **-** convencionalismo, falta de criterio

caligráfica
- **+** tradicionalismo, habilidades manuales
- **-** formalismo, sujeción a las reglas

tipográfica
- **+** intelectualismo, racionalidad, distinción
- **-** pedantería, falsa erudición

personalizada
- **+** independencia, pensamiento propio, diferenciación
- **-** snobismo, pedantería, pseudoautenticidad

IGA
instituto grafología analítica

[+] se refiere a la presencia del signo en un ambiente gráfico positivo y armonioso
[-] se refiere a la presencia del signo en un contexto gráfico desfavorable y disarmónico

FORMA II

complicada vs simplificada

- **sencilla**
  - **+** sencillez, naturalidad, modestia
  - **-** infantilismo, simplismo, bajo C.I.
- **simplificada**
  - **+** agilidad mental, inteligencia práctica, recursos cognitivos
  - **-** pensamiento lógico, cultura, adaptabilidad
- **complicada**
  - **+** verbalización seductora, lenguaje engolado, oratoria
  - **-** fanfarronería, fabulación, coquetería
- **ornamentada**
  - **+** afectación, narcisismo, inautenticidad
  - **-** énfasis en lo accesorio

otras variables

- **cuadrada**
  - **+** sentido estético, talante ceremonioso
  - **-** rebuscamiento, rigidez, autoexigencia
- **bizarra**
  - **+** (si pequeñas rarezas) originalidad
  - **-** desarreglo imaginativo, trastornos psicológicos
- **filiforme**
  - **+** sutileza, sagacidad, finura, penetración
  - **-** insinceridad, actitud elusiva, tendencia a la ocultación
- **armoniosa vs disarmónica**
  - **+** adaptabilidad, equilibrio, estabilidad
  - **-** desorganización, disposición desadaptativa, dificultades

[+] se refiere a la presencia del signo en un ambiente gráfico positivo y armonioso
[-] se refiere a la presencia del signo en un contexto gráfico desfavorable y disarmónico

IGA
instituto grafología analítica

209

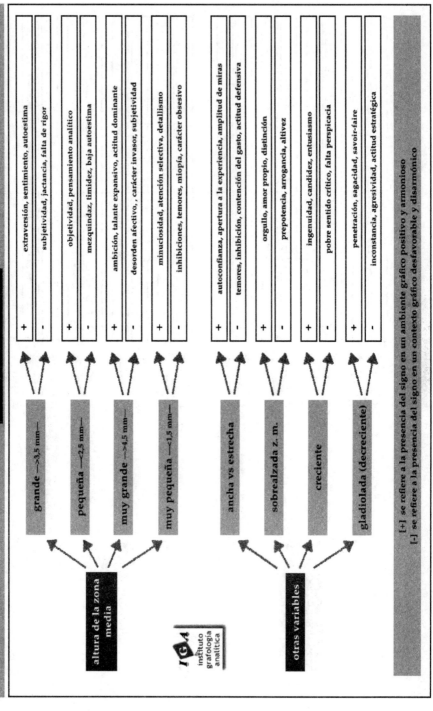

DIMENSIONES

altura de la zona media

grande —>3,5 mm—
- + extraversión, sentimiento, autoestima
- - subjetividad, jactancia, falta de rigor

pequeña —<2,5 mm—
- + objetividad, pensamiento analítico
- - mezquindaz, timidez, baja autoestima

muy grande —>4,5 mm—
- + ambición, talante expansivo, actitud dominante
- - desorden afectivo., carácter invasor, subjetividad

muy pequeña —<1,5 mm—
- + minuciosidad, atención selectiva, detallismo
- - inhibiciones, temores, miopía, carácter obsesivo

otras variables

ancha vs estrecha
- + autoconfianza, apertura a la experiencia, amplitud de miras
- - temores, inhibición, contención del gasto, actitud defensiva

sobrealzada z. m.
- + orgullo, amor propio, distinción
- - prepotencia, arrogancia, altivez

creciente
- + ingenuidad, candidez, entusiasmo
- - pobre sentido crítico, falta perspicacia

gladiolada (decreciente)
- + penetración, sagacidad, savoir-faire
- - inconstancia, agresividad, actitud estratégica

[+] se refiere a la presencia del signo en un ambiente gráfico positivo y armonioso
[-] se refiere a la presencia del signo en un contexto gráfico desfavorable y disarmónico

IGA instituto grafología analítica

210

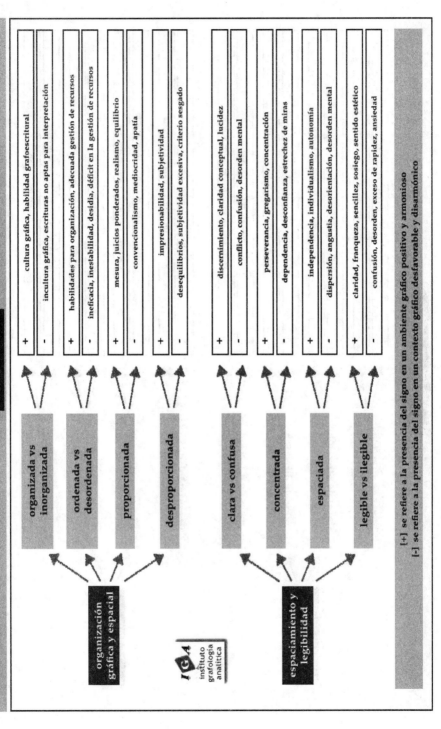

ORDEN

organización gráfica y espacial

IGA instituto grafología analítica

organizada vs inorganizada
- **+** cultura gráfica, habilidad grafoescritural
- **-** incultura gráfica, escrituras no aptas para interpretación

ordenada vs desordenada
- **+** habilidades para organización, adecuada gestión de recursos
- **-** ineficacia, inestabilidad, desidia, déficit en la gestión de recursos

proporcionada
- **+** mesura, juicios ponderados, realismo, equilibrio
- **-** convencionalismo, mediocridad, apatía

desproporcionada
- **+** impresionabilidad, subjetividad
- **-** desequilibrios, subjetividad excesiva, criterio sesgado

espaciamiento y legibilidad

clara vs confusa
- **+** discernimiento, claridad conceptual, lucidez
- **-** conflicto, confusión, desorden mental

concentrada
- **+** perseverancia, gregarismo, concentración
- **-** dependencia, desconfianza, estrechez de miras

espaciada
- **+** independencia, individualismo, autonomía
- **-** dispersión, angustia, desorientación, desorden mental

legible vs ilegible
- **+** claridad, franqueza, sencillez, sosiego, sentido estético
- **-** confusión, desorden, exceso de rapidez, ansiedad

[+] se refiere a la presencia del signo en un ambiente gráfico positivo y armonioso
[-] se refiere a la presencia del signo en un contexto gráfico desfavorable y disarmónico

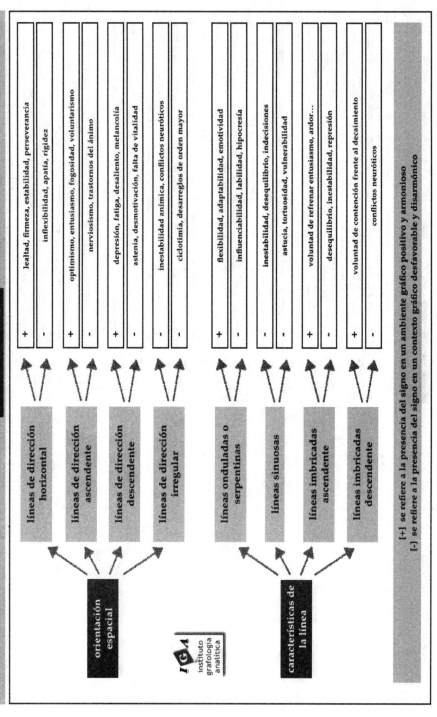

DIRECCIÓN

orientación espacial

líneas de dirección horizontal
- **+** lealtad, firmeza, estabilidad, perseverancia
- **-** inflexibilidad, apatía, rigidez

líneas de dirección ascendente
- **+** optimismo, entusiasmo, fogosidad, voluntarismo
- **-** nerviosismo, trastornos del ánimo

líneas de dirección descendente
- **+** depresión, fatiga, desaliento, melancolía
- **-** astenia, desmotivación, falta de vitalidad

líneas de dirección irregular
- **-** inestabilidad anímica, conflictos neuróticos
- **-** ciclotimia, desarreglos de orden mayor

características de la línea

líneas onduladas o serpentinas
- **+** flexibilidad, adaptabilidad, emotividad
- **-** influenciabilidad, labilidad, hipocresía

líneas sinuosas
- **-** inestabilidad, desequilibrio, indecisiones
- **-** astucia, tortuosidad, vulnerabilidad

líneas imbricadas ascendente
- **+** voluntad de refrenar entusiasmo, ardor...
- **-** desequilibrio, inestabilidad, represión

líneas imbricadas descendente
- **+** voluntad de contención frente al decaimiento
- **-** conflictos neuróticos

IGA instituto grafología analítica

[+] se refiere a la presencia del signo en un ambiente gráfico positivo y armonioso
[-] se refiere a la presencia del signo en un contexto gráfico desfavorable y disarmónico

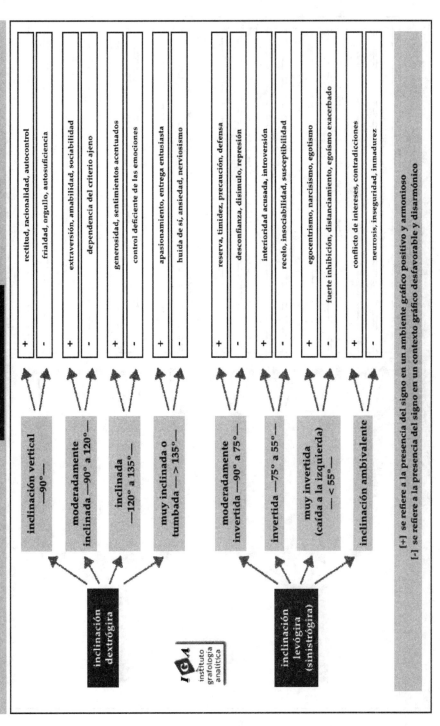

INCLINACIÓN

inclinación dextrógira

IGA instituto grafología analítica

inclinación vertical —90°—
- + rectitud, racionalidad, autocontrol
- − frialdad, orgullo, autosuficiencia

moderadamente inclinada —90° a 120°—
- + extraversión, amabilidad, sociabilidad
- − dependencia del criterio ajeno

inclinada —120° a 135°—
- + generosidad, sentimientos acentuados
- − control deficiente de las emociones

muy inclinada o tumbada — > 135° —
- + apasionamiento, entrega entusiasta
- − huida de sí, ansiedad, nerviosismo

inclinación levógira (sinistrógira)

moderadamente invertida —90° a 75°—
- + reserva, timidez, precaución, defensa
- − desconfianza, disimulo, represión

invertida —75° a 55°—
- + interioridad acusada, introversión
- − recelo, insociabilidad, susceptibilidad

muy invertida (caída a la izquierda) — < 55° —
- + egocentrismo, narcisismo, egotismo
- − fuerte inhibición, distanciamiento, egoísmo exacerbado

inclinación ambivalente
- + conflicto de intereses, contradicciones
- − neurosis, inseguridad, inmadurez

[+] se refiere a la presencia del signo en un ambiente gráfico positivo y armonioso
[−] se refiere a la presencia del signo en un contexto gráfico desfavorable y disarmónico

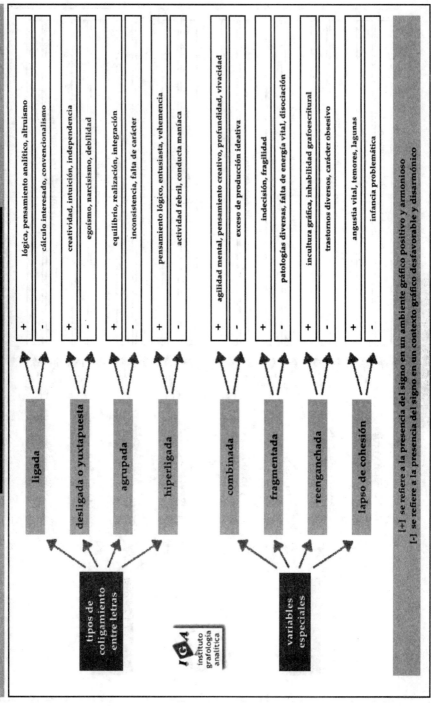

CONTINUIDAD O COHESIÓN

tipos de coligamiento entre letras

- **ligada**
  - + lógica, pensamiento analítico, altruismo
  - − cálculo interesado, convencionalismo
- **desligada o yuxtapuesta**
  - + creatividad, intuición, independencia
  - − egoísmo, narcisismo, debilidad
- **agrupada**
  - + equilibrio, realización, integración
  - − inconsistencia, falta de carácter
- **hiperligada**
  - + pensamiento lógico, entusiasta, vehemencia
  - − actividad febril, conducta maníaca

variables especiales

- **combinada**
  - + agilidad mental, pensamiento creativo, profundidad, vivacidad
  - − exceso de producción ideativa
- **fragmentada**
  - + indecisión, fragilidad
  - − patologías diversas, falta de energía vital, disociación
- **reenganchada**
  - + incultura gráfica, inhabilidad grafoescritural
  - − trastornos diversos, carácter obsesivo
- **lapso de cohesión**
  - + angustia vital, temores, lagunas
  - − infancia problemática

Instituto grafología analítica

[+] se refiere a la presencia del signo en un ambiente gráfico positivo y armonioso
[−] se refiere a la presencia del signo en un contexto gráfico desfavorable y disarmónico

VELOCIDAD

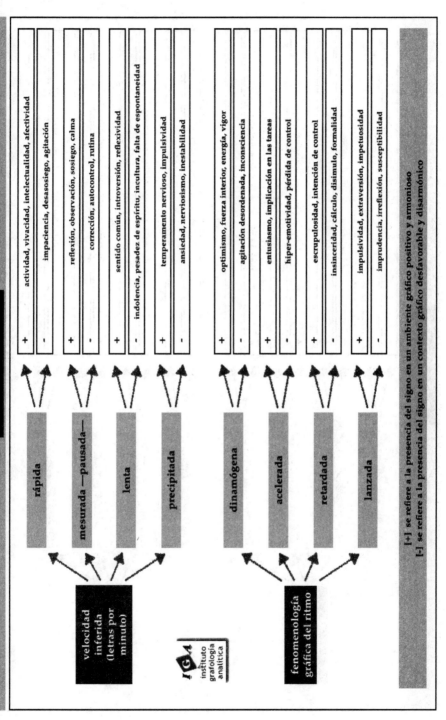

velocidad inferida (letras por minuto)

IGA instituto grafología analítica

fenomenología gráfica del ritmo

rápida	+ actividad, vivacidad, intelectualidad, afectividad
	− impaciencia, desasosiego, agitación
mesurada —pausada—	+ reflexión, observación, sosiego, calma
	− corrección, autocontrol, rutina
lenta	+ sentido común, introversión, reflexividad
	− indolencia, pesadez de espíritu, incultura, falta de espontaneidad
precipitada	+ temperamento nervioso, impulsividad
	− ansiedad, nerviosismo, inestabilidad
dinamógena	+ optimismo, fuerza interior, energía, vigor
	− agitación desordenada, inconsciencia
acelerada	+ entusiasmo, implicación en las tareas
	− hiper-emotividad, pérdida de control
retardada	+ escrupulosidad, intención de control
	− insinceridad, cálculo, disimulo, formalidad
lanzada	+ impulsividad, extraversión, impetuosidad
	− imprudencia, irreflexión, susceptibilidad

[+] se refiere a la presencia del signo en un ambiente gráfico positivo y armonioso
[-] se refiere a la presencia del signo en un contexto gráfico desfavorable y disarmónico

215

PRESIÓN I

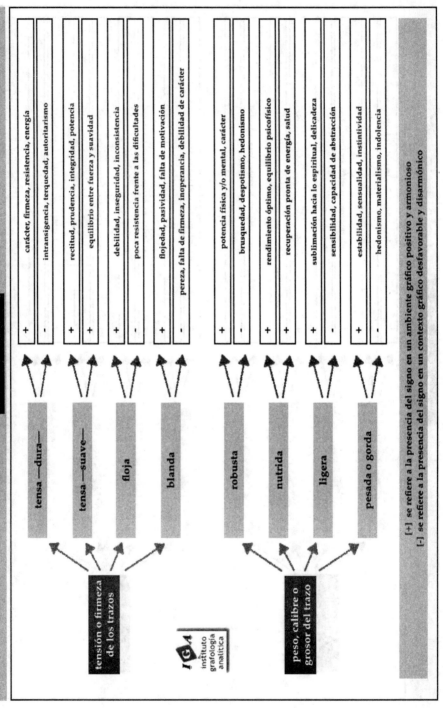

tensión o firmeza de los trazos

tensa —dura—
- + carácter, firmeza, resistencia, energía
- - intransigencia, terquedad, autoritarismo

tensa —suave—
- + rectitud, prudencia, integridad, potencia
- + equilibrio entre fuerza y suavidad

floja
- + debilidad, inseguridad, inconsistencia
- - poca resistencia frente a las dificultades

blanda
- + flojedad, pasividad, falta de motivación
- - pereza, falta de firmeza, inoperancia, debilidad de carácter

peso, calibre o grosor del trazo

robusta
- + potencia física y/o mental, carácter
- - brusquedad, despotismo, hedonismo

nutrida
- + rendimiento óptimo, equilibrio psicofísico
- + recuperación pronta de energía, salud

ligera
- + sublimación hacia lo espiritual, delicadeza
- - sensibilidad, capacidad de abstracción

pesada o gorda
- + estabilidad, sensualidad, instintividad
- - hedonismo, materialismo, indolencia

IGA
instituto grafología analítica

[+] se refiere a la presencia del signo en un ambiente gráfico positivo y armonioso
[-] se refiere a la presencia del signo en un contexto gráfico desfavorable y disarmónico

216

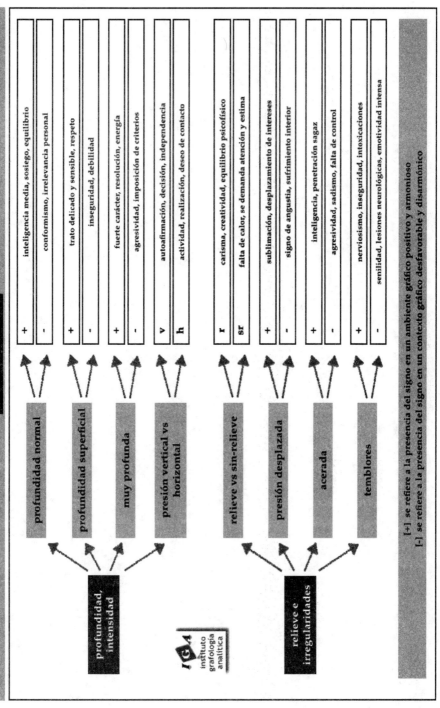

PRESIÓN II

profundidad, intensidad

profundidad normal
- + inteligencia media, sosiego, equilibrio
- - conformismo, irrelevancia personal

profundidad superficial
- + trato delicado y sensible, respeto
- - inseguridad, debilidad

muy profunda
- + fuerte carácter, resolución, energía
- - agresividad, imposición de criterios

presión vertical vs horizontal
- v autoafirmación, decisión, independencia
- h actividad, realización, deseo de contacto

relieve e irregularidades

relieve vs sin-relieve
- r carisma, creatividad, equilibrio psicofísico
- sr falta de calor, se demanda atención y estima

presión desplazada
- + sublimación, desplazamiento de intereses
- - signo de angustia, sufrimiento interior

acerada
- + inteligencia, penetración sagaz
- - agresividad, sadismo, falta de control

temblores
- + nerviosismo, inseguridad, intoxicaciones
- - senilidad, lesiones neurológicas, emotividad intensa

iGA instituto grafología analítica

[+] se refiere a la presencia del signo en un ambiente gráfico positivo y armonioso
[-] se refiere a la presencia del signo en un contexto gráfico desfavorable y disarmónico

Epílogo

Leer al profesor Manuel J. Moreno siempre es un placer. Una aventura al corazón de lo nuevo. Genera en nuestro interior esa bella sensación que mezcla admiración y cariño con agradecimiento y confianza. Como cuando releemos las obras de Augusto Vels o Mauricio Xandró.

Entrarme en este nuevo libro de Manuel, Grafología y diseño gráfico publicitario, me ha llevado a volver mi pensamiento a un problema esencial de nuestras comunidades educativas en general y de nuestra especialidad grafológica en particular: el aprender a pensar.

Como docente, siempre he sostenido que el verdadero punto neurálgico del aprendizaje es el «aprender a aprender». Esto es, lograr restaurar en el alumno la capacidad de juicio perdida en cualquier disciplina. Esa capacidad de juicio propia tan deteriorada y casi siempre ausente en nuestro hoy educativo.

La ciencia grafológica, tan vulnerable a lo largo de los años, no permaneció indiferente a esta crisis de la inteligencia, en términos de Konrad Lorenz. Inclusive, somos testigos de la ausencia deliberada de un pensamiento riguroso en la mayoría de la bibliografía grafológica que puebla nuestras librerías. La grafología fue infectada no solamente de graves elementos viciosos que todavía cuesta eliminar, sino también de fortísimos prejuicios.

¿Por qué se ha oscurecido la grafología por tantos años…?

Muy simple: porque se ha oscurecido la inteligencia. Porque se ha desvirtuado la actitud del hombre frente a esta ciencia. Esto condujo a ignorarla en el nivel universitario, y por ende, a la falta de investigación seria y sistemática en su campo epistemológico. Muchas veces se trabajaba con modelos estereotipados no corroborados con la realidad, ajenos al método científico y en la vereda de enfrente del laboratorio. El padre Leonardo Castellani llamaría a esto tendencia al recetario.

Salvando algunas excepciones, la grafología estuvo estancada por mucho tiempo en teorías desescolarizantes, por momentos opresivas y estáticas.

Recién en los últimos años, hemos notado un avance criterioso y una actualización valiente de sus premisas, dentro de un revisionismo audaz y coherente: Francisco Viñals y Mariluz Puente, Silvio Lena, Ursula Avé-Lallemant, Jaime Tutusaus, Sánchez-Bernuy, Isabella Zucchi, Paolo Bruni, Marcelle Desurvire, Pacífico Cristofanelli, Germán y Teresa Belda, el Instituto Emerson y Manuel J. Moreno entre otros, son una prueba tangible de ello.

¿Es que la sal había perdido su sabor? No lo creo. Tal vez, parte del vino nuevo se puso en odres viejos. Pero de lo que sí estoy convencido es de que esta crisis vigente hasta nuestros días ha permitido que hoy seamos conscientes de la extrema carencia de motivación en la enseñanza y en la práctica grafológica y de la necesidad urgente de hacer algo para subsanar este vacío. Motivación en el conocimiento del objeto y motivación en el conocimiento del método, en palabras de Aristóteles.

Decía Tomás de Aquino: «El maestro no genera la luz al entendimiento del alumno…, sino que lo mueve a que él mismo, por la fuerza propia de su entendimiento, forme los conceptos…».

Y de esto se trata, de la articulación esencial, base, eje de toda enseñanza: la motivación. Sin ella, todo aprendizaje es imposible. En palabras del Manuel, diríamos: «activación de ideas».

Moreno lo sabe. Marcando un rumbo fuertemente actitudinal, lo deja trasparentar en cada idea que plasma en este libro que intenta exitosamente unir lo nuevo con lo viejo, las cosas últimas como si fuesen las primeras. Rescata el valor de la motivación y de la actitud frente a la ciencia.

Y lo logra porque él mismo es un hombre de ciencia: va hacia el problema y lo encara con un saber riguroso (propio del que ha hecho de la ciencia un hábito), aplicando no solamente la lógica, sino también la claridad en las definiciones, la síntesis precisa sin caer en la mera yuxtaposición de teorías o conocimientos.

Su preocupación primera es «ejemplificar mediante la hermenéutica grafológica cómo aquello que en la escritura manuscrita la psique manifiesta de manera natural a través de símbolos gráficos espontáneos que modifican el patrón caligráfico estándar individualizándolo, el publicitario –y más específicamente el creador o diseñador gráfico– lo utiliza como herramienta aplicada a inducir de sensaciones y asociaciones de ideas que "activan" representaciones colectivas y motivaciones en el ámbito societal hacia el que se dirige su labor profesional». Pero, al mismo tiempo, conscientemente o no, aporta algo que hacía mucho tiempo la grafología había olvidado: la posibilidad de disentir, de abrir juicios propios, en definitiva, que el lector genere por sí mismo lo que denominamos espíritu de crítica, esto es: someter un juicio a una prueba de validez.

Al finalizar la lectura del libro, uno se pregunta cómo obtiene Manuel este feliz resultado. Y la respuesta es obvia: por su trasparencia. No hay neblinas subjetivas (tan comunes en la grafopsicología). Lo lúcido y lo didáctico se complementan. Todo se presenta como una imagen y no como mero producto del raciocinio.

Es muy difícil lograr en un tema tan complejo como es la interdisciplinariedad un justo medio: esa capacidad para detectar lo primero, lo permanente, lo principal, y dejar lo accidental para después. Porque no solamente habla de psicografología y diseño gráfico, sino que Manuel da testimonio del dominio de la práctica de ambas disciplinas.

Y la grafología sale dignificada. Como en sus mejores momentos. Señalando un camino extraordinario de trabajo interdisciplinario, «de un lenguaje en común, de un entendimiento universal», como escribió hace mucho el doctor Amado Ballandras.

Creo que esta nueva obra de Moreno abrirá caminos insospechados. Los diseñadores gráficos y publicistas lograrán por fin entender el espíritu común que une la grafología con la creación gráfica; y los grafólogos tendrán la posibilidad de abrirse a un sinnúmero de alternativas, siempre que el método científico sea respetado en un todo.

Quiero agradecer finalmente estas páginas de mi amigo Manuel J. Moreno, quien tuvo la delicadeza de compartir su pasión por la grafología y el diseño con todos nosotros, no sólo inteligentemente, sino, fundamentalmente, con todo su amor.

PROFESOR JULIO G. CAVALLI
Fundador del Colegio Universitario Emerson
Primer Establecimiento Oficial de Grafología
Buenos Aires - Argentina

Bibliografía

BALLESTEROS JIMÉNEZ, S.: *Psicología general. Atención y percepción,* vol. II. Uned, Madrid, 2001-2002.

BACHOFEN, J. J.: *Mitología arcaica y derecho materno.* Ed. Anthropos, Barcelona, 1988.

BASSAT, L.: *Libro rojo de la publicidad.* Ed. Espasa-calpe, Madrid, 1998. Coleccionable de La Nueva España, Oviedo, Editorial Prensa Asturiana, 1996.

CORRAL IÑIGO, A. y PARDO DE LEÓN, P.: *Psicología evolutiva I.* Uned, Madrid, 2001-2002.

CRÉPIEUX-JAMIN, J.: *Abc de la grafología.* Ed. Ariel, Barcelona, 1967.

CRESPO, A.: *Cognición humana. Mente, ordenadores y neuronas.* Ed. Ramón Areces, Madrid, 2002.

DEL ABRIL ALONSO, A. *et al.*: *Fundamentos biológicos de la conducta.* Ed. Sanz y torres, Madrid, 2001.

DURAND, M.: «Crépieux-jamin», en *ABC de la grafología.* Ed. Ariel, Barcelona, 1967.

DÜRCKHEIM, K. G.: *El maestro interior.* Ed. Mensajero, Bilbao, 1981.

FRANKL, V. E.: *La presencia ignorada de Dios. Psicoterapia y religión.* Ed. Herder, Barcelona, 1995.

FREUD, S.: «Cinq lecons sur la psychanalyse», en *Los grandes del inconsciente.* Ed. Mensajero, Bilbao, 1983.

—: *Esquema del psicoanálisis.* Ed. Debate, Madrid, 1998.

—: «Un recuerdo infantil de Leonardo Da Vinci», en *Los grandes del inconsciente.* Ed. Mensajero, Bilbao, 1983.

FROMM, E.: *El arte de amar: una investigación sobre la naturaleza del amor.* Ed. Paidós ibérica, Barcelona, 2000.

JAFFÉ, A.: *El mito del sentido en la obra de C. G. Jung.* Ed. Mirach, Madrid, 1995.

JUNG, C. G.: Arquetipos e inconsciente colectivo. Ed. Paidós, Barcelona, 1984.

—: *El hombre y sus símbolos.* Ed. Paidós, Buenos Aires, 1995.

—: *La psicología de la transferencia.* Ed. Paidós, Barcelona, 1983.

—: *Las relaciones entre el yo y el inconsciente.* Ed. Paidós, Barcelona, 1983.

—: *Los complejos y el inconsciente.* Alianza Editorial, Madrid, 1983.

—: *Mysterium coniunctionis, investigaciones sobre las separaciones y la unión de los opuestos anímicos en la alquimia.* Ed. Trotta, Madrid, 2002.

—: «Freud y el psicoanálisis», en *Obras completas.* Vol. 4, págs. 311-313, Ed. Trotta, Madrid, 2002.

—: *Psicología y alquimia.* Ed. Plaza y Janés, Barcelona, 1977.

—: *Recuerdos, sueños, pensamientos.* Ed. Seix Barral, Barcelona, 1986.

—: *Tipos psicológicos,* Ed. Edhasa, Barcelona, 1994.

JÜNGER, E.: *La tijera.* Ed. Tusquets, Barcelona, 1993.

KANDINSKY, W.: Cit., *En jaffé, op. cit.*

KLAGES, L.: *Escritura y carácter. Manual de técnica grafológica.* Ed. Paidós, Buenos Aires, 1959.

LEAHEY, T. H.: *Historia de la psicología: principales corrientes en el pensamiento psicológico.* Ediciones Pearson Educación, Madrid, 2001.

LE BON, G.: *Psicología de las masas.* Ediciones Morata, Madrid, 1986.

LÉVY-BRUHL, L.: *Les functions mentales dans les sociétés inférieures.* Librairie Félix Alean, 1928.

MONTIEL LLORENTE, L.: CARL GUSTAV JUNG (1885-1961). Ediciones del Orto, Madrid, 1997.

MCGUIRE, W. y HULL, R. F. C.: *Encuentros con C. G. Jung.* Ed. Trotta, Madrid, 2002.

NICHOLS, S.: *Jung y el tarot: un viaje arquetípico.* Ed. Kairós, Barcelona, 2001.

NIETZSCHE, F.: *Más allá del bien y del mal.* M. E. Editores, Madrid, 1993.

PERNICONE, A.: *El grafismo y su relación con lo inconsciente.*

PÍNKOLA ESTÉS, C.: *Mujeres que corren con los lobos.* Ed. B, Barcelona, 1998.

PULVER, M.: *El simbolismo de la escritura.* Ed. Victoriano suárez, Madrid, 1953.

RAS, M.: *Lo que sabemos de grafopatología* (estudio de los escritos patológicos). Ed. Gregario del Toro, 1968.

REICH, W.: *Escucha, hombrecito, o discurso al hombre común.* Ed. Bruguera, Barcelona, 1983.

ROGERS, C.: *Psicoterapia y relaciones humanas: teoría y práctica de la terapia no directiva.* Ed. Alfaguara, Madrid, 1971.

SAINT-EXUPERY, A.: *El principito*. Ed. Salamandra, Barcelona, 2002.

SÁNCHEZ, E.: *Introducción al estudio de las diferencias individuales*. Ed. Sanz y Torres, Madrid, 2003.

SHARP, D.: *Lexicón junguiano*. Ed. Cuatro vientos, Santiago de Chile, 1997.

SPIEGELMAN, J. M. y MIYUKI, M.: *Budismo y psicología junguiana*. Ed. Índigo, Barcelona, 1998.

TEILLARD, A.: *El alma y la escritura. Tratado de grafología basado en la psicología analítica*. Ed. Paraninfo, Madrid, 1974.

VELS, A.: *Escritura y personalidad*. Ed. Luis Miracle, Barcelona, 1961.

Vels, A.: *Grafología de la a A la Z*. Ed. Herder, Barcelona, 2000.

VIÑALS CARRERA, F. y PUENTE BALSELLS, M. L.: *Psicodiagnóstico por la escritura: grafoanálisis transaccional*. Ed. Herder, Barcelona, 1999.

Von Franz, M. L.: «El proceso de individuación» en *El hombre y sus símbolos, op. cit.* 1.

WILHELM, R.: *I Ching. El libro de las mutaciones*. Ed. Edhasa, Barcelona, 1991.

Índice

Otros libros del mismo autor...

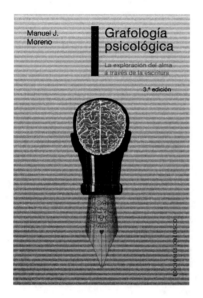

La Grafología constituye hoy en día un método serio, lúcido y lleno de posibilidades para el abordaje y aproximación al universo anímico y conductual de las personas a través del estudio y análisis de su escritura manuscrita, y en general, de cualquiera de sus producciones gráficas –firma, dibujos...

Grafología psicológica es un libro destinado a acompañar desde un principio al lector interesado en esta técnica científica por los fundamentos en que se basa la interpretación grafológica, una aproximación clara y estimulante a través del discurso gestual y simbólico que involuntariamente –inconscientemente– escenificamos al escribir.

Grafología analítica es un manual sintético y esencialmente práctico. Su origen responde a la necesidad de ofrecer una completa y básica guía didáctica de consulta y referencia a los alumnos del Instituto de Grafología Analítica. Presenta una secuencia didáctica orientada a facilitar la adquisición de todos aquellos constructos y significantes grafológicos básicos, con los que poder adquirir una verdadera y confiable comprensión de la disciplina, todos los rasgos y matices, en definitiva, con los que inevitablemente se va a encontrar quien se asome al florido multiverso de las escrituras producidas al modo tradicional y natural, esto es, al grafismo de puño y letra.

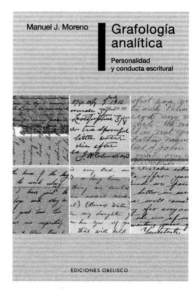